幼儿园大型户外建构游戏
——从游戏走进学习

主　编：王　秋

副主编：黄　菲　刘肖霞

参　编：卢谓玲　徐　银　胡美玲　陈彦铭　黄玉兰　龚清苑

　　　　孔钻清　汤音平　包淑衡　钟婉余　颜少丹　黄桂月

　　　　钟淑娴　关碧莹　李晓娜　贺娇琴　范梦婕　黄楚婵

　　　　刘辉英　甘秀红　尹艳雅　许洁敏　彭　鹏　陈春娥

　　　　罗丽红　欧阳颖诗　　　　杨　钥　曾秋香　凌海容

华东师范大学出版社

上海

图书在版编目(CIP)数据

幼儿园大型户外建构游戏：从游戏走进学习/王秋主编.
—上海：华东师范大学出版社,2016
ISBN 978 - 7 - 5675 - 5976 - 9

Ⅰ.①幼…　Ⅱ.①王…　Ⅲ.①游戏课－教学研究－学前教育　Ⅳ.①G613.7

中国版本图书馆 CIP 数据核字(2016)第 319000 号

幼儿园大型户外建构游戏
——从游戏走进学习

主　　编　王　秋
责任编辑　李　琴
审读编辑　蒋　雯
装帧设计　庄玉侠

出　　版　华东师范大学出版社
社　　址　上海市中山北路 3663 号
　　　　　邮编 200062

营销策划　上海龙智文化咨询有限公司
电　　话　021 - 51698271　51698272
传　　真　021 - 51621757

印 刷 者　江苏扬中印刷有限公司
开　　本　787×1092　16 开
印　　张　9.75
字　　数　176 千字
版　　次　2017 年 3 月第 1 版
印　　次　2024 年 6 月第 9 次
书　　号　ISBN 978 - 7 - 5675 - 5976 - 9/G·10006
定　　价　38.00 元

出 版 人　王　焰

(如发现本版图书有印订质量问题,请与华东师范大学出版社联系
电话:021 - 51698271　51698272)

幼儿园区域活动的多元化探索丛书

总主编：

　　杨　宁（华南师范大学）

编委会：

　　李丽云（佛山市南海区南海师范附属幼儿园）

　　刘红喜（深圳实验教育机构）

　　聂　莲（佛山市机关幼儿园）

　　王　秋（广州市黄埔区香雪幼儿园）

　　王致青（广州市越秀区东方红幼儿园）

　　姚　艺（深圳市梅林一村幼儿园）

　　杨　梅（深圳实验幼儿园）

总 序

幼儿园区域活动的多元化探索

近二十多年来，区域活动或活动区教学作为我国幼儿园课程的重要组成部分，在幼儿园日常教学中的地位日益增强，许多幼儿园纷纷探索有效开展区域活动的策略和方法。更值得关注的是，一些幼儿园园长和老师已经开始不再简单借鉴和模仿欧美国家幼儿园区域活动的经验，而开始把目光投向区域活动或活动区教学背后的教育哲学和教育理论问题，关注其知识基础和价值诉求，开始走向一种反思的、儿童中心的教育实践。

作为一种舶来品，幼儿园"区域活动(learning centers activities)"或"活动区"具体是何时、由何人引入我国似乎很难看到确切的说法。活动区"为幼儿提供自主选择的机会，与他人一起工作，参与实践活动，并充分参与学习"[①]，而对于此类活动区，"北美儿童教育机构（包括婴幼儿教育机构）使用比较普遍的是'学习中心（learning centers）'，不论是教育部门文件还是教科书以及学术著作都更多地使用这个概念。"[②]而我国引进这种基于区角的自由活动形式（center-based free play）并命名"区域活动"，又叫区角活动（area activities）。为便于了解，我们这里列举一些比较具有代表性的界定："所谓区域活动或活动区活动，指的是这样一种活动形式：教育者以幼儿感兴趣的活动材料和活动类型为依据，将活动室的空间划分为不同区域，让他们自主选择活动区域，在其中通过与材料、环境、同伴的充

① M. Bottini, S. Grossman. Center-Based Teaching and Children's Learning: The Effects of Learning Centers on Young Children's Growth and Development. *Childhood Education*, 2005,81: 274–277.
② 黄进. 幼儿园区域活动的来源与挑战［J］. 学前教育研究，2014 (10).

分互动而获得学习与发展。"①或区域活动"即学习中心、兴趣中心活动，它是教师从儿童的兴趣出发，为使儿童进行高效学习、获得最佳发展而精心设计的环境，儿童可以自由地进出各个区域，开展游戏活动。"②显然，区域活动是幼儿园采用的一种积极的、以儿童为中心的、分布式和个别化的教育教学形式，同时也是幼儿一种重要的自主活动形式。具体而言，区域活动必然表现为教师在一定的时间和空间内设置各种区域（角），如美工区、益智区、沙水区、角色游戏区、积木建构区、操作区、科学区、图书区等，提供或投放各种游戏或学习材料，幼儿在一定程度上可以按照自己的兴趣、意愿和需要选择活动内容和方式，彰显了幼儿的主体性、主动性。因此，区域活动能够弥补传统幼儿园集体教学的不足，给幼儿提供有针对性的、个别化的教育，从而真正关注并尊重幼儿的个别差异；让儿童在与周围环境的相互作用中进行自主学习与探索。幼儿园区域活动的有效开展对贯彻《3—6岁儿童学习与发展指南》，促进幼儿主动发展具有重要意义。无怪乎华爱华教授说："值得欣慰的是，我们至少找到了一种有别于中小学的课程组织的特殊形式，那就是'活动区'。幼儿园的教育是以游戏为基本活动的，这可与以上课为基本形式的中小学教育区分开来，从而真正体现学前教育的特殊性。"③

　　区域活动或活动区教学背后确实蕴含着深刻的教育哲学和教育思想内涵，以及教育制度沿革、嬗变等问题。区域活动或活动区教学的组织与实践不仅挑战了"我们关于学习和游戏的理解，也挑战了我们一日活动的组织形式以及课程展开方式，还挑战了我们的评价观念"。④更加关键的是，区域活动的组织与实践挑战了以课堂集体授课和分科教学为主的传统幼儿园教学方式，"是一种尊重每一个儿童的学习进度、学习风格和学习节奏的教学方式"，⑤使幼儿教育真正有别于以上课为基本形式的中小学教育，也使我们的园长和教师在儿童观、教育观、知识观和学习观等方面做出根本改变。今天

① 冯晓霞.幼儿园课程［M］.北京：北京师范大学出版社，2001:259.
② 李生兰.美国学前教育机构的区域活动及思考［J］.幼儿教育，2002(10):16.
③ 华爱华.从学前教育改革与发展看幼儿园活动区活动［J］.幼儿教育（教师版），2012(8).
④ 黄进.幼儿园区域活动的来源与挑战［J］.学前教育研究，2014 (10).
⑤ 霍力岩，齐晓恬.区域活动的本质［J］.幼儿教育，2009.

的幼儿教育工作者越来越深刻地意识到："孩子们学习最重要的东西时，不是通过教师的传授，而是通过自己在与物理世界和其他孩子互动过程中构建知识，以及通过游戏的方式来实现的。"①这也许恰恰是区域活动的最大价值所在。应该看到，区域活动或活动区教学提供了一种幼儿园学习领域的自然整合，即整合社会性、情感和动作学习，以及认知和学业学习。这种整合在教师指导的集体教学中是难以实现和保持的。区域活动特别是其中的游戏和社会互动"有助于平衡个别儿童的学习，提供孩子在自己水平上和所需的强度，以支持他们自己的学习"。②设计良好的区域活动环境能同时满足不同儿童的多样化的发展需求，这样的区域活动环境无疑是对每个孩子的发展需要和兴趣的最自然的回应。

最后，区域活动或活动区教学的组织与实践是对传统幼儿园空间和时间的重构，是幼儿园空间生产区别于学校（小学、中学和大学）空间生产的重要方面，强调和关注区域活动需要我们摒弃教师中心和学科中心的教育理念和教育方式，更加关注师幼互动和幼儿之间的互动，以及幼儿对材料的实际操作。实际上，"活动室空间的区域化以及区域活动的组织，对幼儿园教师和教育管理部门都提出了十分严峻的挑战。它不仅如上所述挑战了我们关于学习和游戏的理解，也挑战了我们一日活动的组织形式以及课程展开方式，还挑战了我们的评价观念。"③

目前来看，幼儿园区域活动或活动区教学的理论研究依然非常薄弱，所涉及的复杂而深刻的哲学、社会学、心理学、政治学和语言学问题基本没有被触及，根本无法满足一线教育工作者的需要。许多区域活动开展得比较好的幼儿园也是知其然，不知其所以然，不能很好地将实践经验汇聚，提炼为较为系统的准理论。实际上，幼儿园区域活动理论研究不仅需要发展心理学、教育心理学、环境心理学和幼儿教育学等学科理论的支持，同时，也需要人类发展生态系统理论、游戏理论、活动理论、动力系统理论乃至建筑学、儿童地理学、空间分析、儿童社会学、儿童人类学、巴赫金的对话理

---

① E. Jones，G. Reynolds. The play's the thing: Teachers' roles in children's play.
② D. Bergen. Play as a Medium for Learning and Development.
③ 黄进. 幼儿园区域活动的来源与挑战［J］. 学前教育研究，2014(10).

论、交往互动理论和自组织理论等等的指引。

其实，"幼儿园"（kindergarten）这个幼儿教育机构名称本身指代的既是具体的空间和时间范畴，同时更是空间和时间的隐喻。"幼儿园=儿童的花园"，在这个花园里，幼儿可以无拘无束，自然地生长，而教师就是辛勤的园丁。"幼儿园"以及相关的隐喻构成了幼儿教育的根隐喻，我想今天的教育工作者仍然可以从福禄贝尔等自然主义教育思想家的理想中吸取营养。应该说，早期的幼儿教育思想家们当时就已经深刻地意识到幼儿教育和其他学段教育的根本区别，福禄贝尔就不愿把自己创办的机构叫做"学校"，而空想社会主义者欧文创立的"幼儿学校"称呼并没有流传下来，背后的历史和思想博弈反映了幼儿教育的特殊性和复杂性。"幼儿园"从内生意义上来讲是自然的、生态的。然而，随着时代的变迁，"幼儿园"从"花园"隐喻也逐渐开始向学业机构转变。进一步说，分析幼儿园的沿革和发展不能不涉及整体社会空间和时间（历史）的演变，同时，也必须以幼儿园教育空间的重构的微观分析为核心。我们提倡"区域活动或活动区教学"并不是把它与"集体教学"对立起来，也并非完全摒弃集体教学，而是在本土化基础上寻找现代中国幼儿园空间与时间的重构。

改革开放以来，广东特别是珠江三角洲一直作为试验田和排头兵在国家的经济社会发展中起着独特的作用。伴随经济发展、特区建设和迅速的城镇化，大量外来人口流入，广东的学前教育也经历了蓬勃发展的过程，特别是上个世纪八九十年代全国各地一大批优秀园长和幼儿教师的调入，以及本地优秀园长和教师的成长，形成了广东学前教育事业兴旺发达的局面。作为一个学前教育理论工作者，我也是这个过程的见证者。在与广东各地幼儿园园长交流探讨的过程中，我也深切感受到许多优秀园长有着丰厚的经验积累和深刻、敏锐的专业领悟。同时，近年来，不少园长也不约而同地向我提出了一个要求，希望能在区域活动或活动区教学的理论上给予她们帮助和引导。正是在这样的背景下，由广州市越秀区东方红幼儿园、广州市第一幼儿园、广州市黄埔区香雪幼儿园、深圳实验教育机构、深圳实验幼儿园、深圳市梅林一村幼儿园、佛山市机关幼儿园、佛山市南海区南海师范附属幼儿园、深圳蓓蕾幼儿园等园所组成的一个松散而开放的学习共同体——"广东省幼儿园区域活动研究联盟"应运而生。《幼儿园区域活动的多元化探索》丛书则是由我向联盟园倡议的，对各联盟幼儿园区域活动的多元化经验进行初步梳理和提炼的结果。

在广东幼教界，广州市越秀区东方红幼儿园是区域活动开展得最早的幼儿园之一。早在1989年，王致青园长从美国访学归来就开始在全国率先探索活动区教育，改革了传统的以上"课"为主的教学模式。26年来，东方红幼儿园的老师们坚持不懈，一直专注于探索以活动区教育为特色的儿童主体课程，她们以"面向全体、全程育人、全面发展"为教育原则，通过创设宽松愉悦的氛围，提供丰富多彩的操作材料，利用灵活多样的活动形式，满足幼儿发展的不同需要，充分彰显幼儿的个性，使拥有不同特质的孩子们都能得到最适合其自身的发展，致力实现"家园共识、共建、共享，孩子与成人共同成长"的办学理念。她们奉献的《全课程区域活动——幼儿园活动区教育解决方案》以"温馨"的家为基调，通过详尽阐述东方红幼儿园活动区的教育理念及发展历程，活动区环境创设，活动区学具的设计、制作、投放、收藏与管理，活动区的组织与指导，活动区的观察与评价，活动区的教研活动组织六个部分，为大家展示东方红幼儿园一直坚守的尊重幼儿，以幼儿为本的幼儿园课程建构。

《共享区域活动——幼儿园"共生课程"特色实施模式》是深圳实验教育机构奉献给大家的佳作，该书作者深入阐述了"共享区域活动"的概念、源起、内涵以及具体实践，倡导"共享区域活动"作为游戏活动的价值，主张在"共享区域活动"中让幼儿自主游戏和自由发展，期望"共享区域"的任一场馆都能促进幼儿全面发展。多年来，实验教育机构在刘红喜主任的带领下，在推进传统区域活动研究的过程中先后生成了"年级公共游戏区"、"班级共享游戏区"，并在区域空间共享的基础上，提出了让时间、材料、计划、经验、活动等在年级组共享的"共享区域活动"的思路与做法，值得推荐。

《幼儿园户外混龄区域活动——幼儿体育活动新探索》是佛山市机关幼儿园的经验结晶。聂莲园长和老师们秉承"自然·爱·悦·梦想"的办园理念，将区域活动作为串联教育活动、生活活动和游戏活动的一条主线，利用自身得天独厚的户外环境和场地资源，尝试将户外环境和区域活动进行融合，以混龄的形式进行活动的组织，在推进教育活动有效性、提高活动质量的过程中做出了新的尝试。她们结合幼儿年龄特点和大肌肉运动发展需要，将幼儿园户外场地进行不同功能的游戏区域划分，打破班级和年龄界限，以中、大班幼儿混龄的形式开展户外区域性体育游戏活动。教师到各个活动区域中进行游戏的设计与指导，幼儿可根据意愿自选区域、自愿选择老师、自愿选择场地、自选材料、自愿选择同伴开展自主的游戏活动。

深圳实验幼儿园的杨梅副园长和老师们经过多年的探索与实践，针对区域活动存在的诸多问题，形成了一套科学的、独特的、适宜幼儿个性化发展的教育理念和教学实践模式。她们在《自主、探索、合作——幼儿园区域创设及活动开展实践方案》一书中提出区域活动四部曲，即：选择环节——操作环节——整理环节——提升环节，真正做到让幼儿自由选择、自主实施、合作整理、整体提升。特别值得赞许的是，深圳实验幼儿园一直致力于将目前零散的、流于形式化的区域活动做一个系统的梳理，并在此基础上整合出一套完整的具有指导性作用的区域活动教学实践宝典。

《幼儿园学习环境创设与实施——基于全环境支持系统的实践》是深圳市梅林一村幼儿园姚艺园长和老师们奉献给大家的精品。该书立足全环境课程支持系统背景，重点介绍区域环境创设与使用，其中分区域概念、区域环境创设原则、各个活动区域划分、区域材料提供和使用以及在区域活动中开展儿童的游戏与学习的观察案例等内容都是梅林一村幼儿园一线管理者与教师多年实践经验的整理与提炼。通过详细地阐述在区域活动中教师如何有效利用环境完美地统整、融合"教与学"，如何开展教学与游戏，如何理解儿童的学习与发展等，充分展示了"以促进儿童主动学习为宗旨"的价值观在教育实践中的融入。

广州市黄埔区香雪幼儿园是典型的城中村幼儿园，生源参差不齐，给教育带来了一定的难度。多年前，该园王秋老师成立了课题研究团队，以建构游戏为载体进行大型户外区域活动探索，希望凭借户外区域大量丰富多元的教育环境与材料给孩子提供学习与发展的助力。在数年的实践研究中，她们的努力获得了回报，《幼儿园大型户外建构游戏——从游戏走进学习》就是她们成果的汇聚。在有限的时间里，孩子们拥有了无限成长和发展的机会，孩子们的学习品质在一点一滴的户外区域活动中慢慢由量变达到质变，每位孩子都在原有水平上得到提高。在户外区域活动中，一方面孩子们更快乐、更开心，充分展现了孩子们热爱游戏的天性，实现了快乐学习、体验学习和合作学习。另一方面，大型户外建构区域活动对教师的专业成长也不无裨益，因为没有教材，没有模板给教师参照，老师们需要学会观察，学会指导，这对老师是一种新的挑战。因此，大型户外区域建构游戏在促进孩子发展的同时，也促进了幼儿教师的专业成长。

《幼儿园里的"快乐小镇"——幼儿园社会实践区域活动探索》是佛山市南海区南海师范附属幼儿园开发的自主区域游戏的形式之一，它集合了大区域、小区域的优势，把游戏与幼儿的生活与学习直接联系、整合起来，使游戏回归生活，让幼儿在体验中获得生活经验、社会经验。每两周一次的全园快乐小镇活动无疑是整个南师附幼的"狂欢节"，幼儿、家长、老师乃至幼儿园的后勤人员都沉浸在活动带来的欢乐中。同时，"快乐小镇"活动实实在在地促进了儿童的发展。这才是充满快乐和激情，同时具有极大教育价值，名副其实的快乐小镇！

两千多年来，大陆文明和海洋文明的交汇塑造了岭南文化开放、包容、多元、务实的特点。改革开放以来的广东人更是进一步将低调、务实、不喜空谈的作风发扬光大，创造了社会经济建设的辉煌。作为整个生态系统的一部分，广东学前教育界无疑也具有这样的特点，很多幼儿园园长敏于行而讷于言，善于创新却拙于总结，擅长于做事而拘谨于表述，经验丰富却理论欠缺，热爱学习又容易被忽悠（误导）。实际上，许多园长也越来越意识到这个问题，也在探索解决的途径，从她们对区域活动或活动区教学背后的教育哲学和理论问题的关注就可以看到这一点。当然，我们并不是主张每一位园长和教师都要有著述，而是提倡有能力、有条件的园长和教师通过教研活动不断梳理、提升自己的教育经验，从而给自己的"默会的教育知识和实践性知识的提升创造机会和条件，批判和提升已有实践性知识，使之积淀、融汇和升华为真正的实践智慧"。[①]

---

① 杨宁. 论幼儿教师的默会知识与实践智慧 [J]. 教育导刊，2015(10).

《幼儿园区域活动的多元化探索》丛书是梳理和提炼广东部分幼儿园在区域活动领域实践经验的初步尝试，编写者的经验和理论知识还有一定欠缺，其间之反复曲折更是一言难尽，今日成书殊为不易。丛书不可避免地还有许多遗憾和不足，需要今后通过进一步研磨、讨论和研究加以弥补和提升。最后，丛书编委会特别要感谢华东师范大学出版社，感谢出版社的赏识和信任以及为本丛书的出版付出的辛勤劳动。

华南师范大学教授

杨宁

2016年8月

前 言

　　早在20世纪60年代，我国心理学界就提出"游戏是学前儿童的主导活动"。《幼儿园工作规程》（1989年）提出幼儿园要"以游戏为基本活动"，确立了目前游戏在我国幼儿园教育活动体系中的地位。在《幼儿园教育指导纲要（试行）》（2001年）中，不仅重申了这一要求，还提出要"引导幼儿在与环境的积极相互作用中得到发展"。2016年3月1日，新颁发的《幼儿园工作规程》更是凸显了幼儿的主体地位，"鼓励和支持幼儿根据自身兴趣、需要和经验水平，自主选择游戏内容、游戏材料和伙伴，使幼儿在游戏过程中获得积极的情绪情感，促进幼儿能力和个性的全面发展"，尊重幼儿游戏权利，保证幼儿的游戏条件，提倡"合理利用室内外环境，创设开放的、多样的区域活动空间，提供适合幼儿年龄特点的丰富的玩具、操作材料和幼儿读物，支持幼儿自主选择和主动学习，激发幼儿学习的兴趣与探究的愿望"。

　　二十大报告强调了创新在现代化建设全局中的核心地位，并指出了科技是第一生产力、人才是第一资源、创新是第一动力的重要论断。在新质生产力的推动下，我们的教育领域也迎来了前所未有的发展机遇。学前教育作为国民教育体系的重要组成部分，更应紧跟时代步伐，积极探索适应新时代要求的教育方式和手段。游戏作为幼儿最喜欢的活动形式之一，其教育价值不容忽视。如何在游戏中融入新质生产力的理念，让幼儿在游戏中体验创新、探索未知，成为我们教育工作者需要深入思考的问题。

　　从这些教育文件中，我们不难发现：学前教育相关部门越来越重视游戏对幼儿发展的独特价值，对游戏的开展提出了更明确的方向——自主学习、开放空间、环境支持。

　　但现实中却出现"思想上重视游戏，实际上轻视游戏"的情况。虽然教师对游戏的价值了然于心，畅聊自己的教育理念时，对游戏的意义和开展侃侃而谈，然而，在实际的带班教学中却高度控制幼儿游戏的时间，游戏内容单一，游戏活动的时间过短，游戏材料更是少之又少。这种背景下，促使作为一线教育工作者的我，去反思自己开展游戏活动的不足，拓宽思路去思考：怎样的游戏能体现幼儿自主、自由、兴趣和探究？如何遵从幼儿身心发展水平与学习特点去开展游戏？如何从物质环境和心理氛围去支持幼儿自主游戏？如何让幼儿从"游戏"走进"学习"？如何在游戏中融合五大领域？

结合本园的地理环境和自身优势，我园以建构游戏为载体进行大型户外区域活动探索，旨在凭借户外区域大量丰富多元的教育环境与材料给幼儿提供学习与发展的助力；创设轻松自由的游戏氛围，提供多层次、多种类的游戏材料，把游戏的时间还给幼儿，让幼儿成为游戏的主人。游戏过程中，孩子们在跑、在思考、在摆弄、在争论……在和各种材料互动着，在游戏中学会了分享和合作，收获了快乐和自信。而教师则根据幼儿需要添置游戏材料，学会从游戏中窥见孩子们的内心世界，了解他们的思维发展。在这种点滴经验积累中，幼儿和教师共同获得了成长。大型户外建构游戏活动的开展，就像一首诗歌所言——"让每个孩子都拥有梦想！让每个孩子都拥有希望！让每个孩子都能为自己的独特而自豪！让每个孩子都找到自己的位置！让每个孩子都发挥出自己的潜力！让每个孩子的心灵都能自由翱翔！让每个孩子的心灵都能自由歌唱……"

本书分为四个篇章，主要把这五年以来本园在大型户外建构游戏中的实践进行呈现，本书编写侧重于真实记录我们在活动中的所思、所想、所做。感谢香雪大型户外建构游戏研究团队，从最初萌发的设想到一路探索与实践，并最终落笔转为书稿的文字，其间的辛苦一言难蔽之；感恩香雪幼儿园园长卢谓玲的鼎力支持；感谢华南师范大学教育科学学院教授、广东教育学会学前教育专业委员会理事长杨宁的专业指导；此书的诞生更离不开深圳禹文学前教育中心田敏主任在我对游戏开展迷茫时的指点迷津；感谢华东师范大学出版社的信任，让本书得以同读者们见面。

展望未来，我们将继续深入探索新质生产力在学前教育领域的应用与实践，努力为幼儿提供更加优质、更加符合时代要求的教育环境和资源。愿在大型户外建构游戏中经常倾听到的声音——"等一下，让我想个办法"，"老师，我有一个问题"，"合作力量大，让我们一起来……"一直伴随孩子们快乐成长！

广州市黄埔区香雪幼儿园　王秋

2017年3月

目 录

第一章

概念篇

　　《孩子，你慢慢来》一书中提到了"教育需要等待"的观点。作为教育者，我们应该在适当的时候学会转换自己的角色：观察者、引导者、支持者、合作者、陪伴者。在进行大型户外建构游戏实践时，我们验证了北京师范大学博士生导师刘焱教授所言："观察让我们老师知道幼儿的兴趣需要和已有经验，觉察他们遇到的问题和困难，才能决定是否需要干预和干预的适当方法。观察让我们的老师不是睁大眼睛去发现让人眼前一亮的事情，等待所谓的'真正有价值、有意义的魔法时刻'的到来，而是让我们的老师找到读懂幼儿思维的细节，找到解读幼儿心灵的密码，找到因人施教的方向，知道支持帮助、指导幼儿学习与发展的依据。观察让我们的老师找到如何'有的放矢'地去支持。观察让我们走进孩子的世界，也让我们的工作充满了乐趣。"在本章中，我们并没有涉及教师在孩子们活动中的指导策略。但在其他章节中，你会发现：教师在整个活动中，最重要的就是对孩子的观察力。正是因为观察，我们才深入了解、理解幼儿，我们才产生了开展大型户外建构游戏的尝试，使活动更适合幼儿，幼儿才会给予我们无限的惊喜！看到幼儿取得的进步，我们更深刻地体验到幼儿教师职业的乐趣！

第一节 大型户外建构游戏的定义

一、大型户外建构游戏的定义

建构游戏是幼儿按照一定的计划或目的来组织、操作建构物体或材料，使之呈现出一定的形式或结构的活动。幼儿通过对各种材料的搭建（排列、组合、接插、镶嵌、拼搭、垒高等），实现自己搭建的需求及愿望，体验与同伴共同搭建的快乐和成就感。建构游戏不仅能丰富幼儿的主观体验，发展幼儿的动手能力和建构技能，更重要的是能使幼儿在协商、谦让、交换的游戏氛围中，学会分享与合作，尝试开拓与创新，体验成功与挫折，从而实现合作交往能力的提高以及幼儿的和谐、全面发展。

本书所指的大型户外建构游戏有着与建构游戏同样的特点，但又具有自身独特的优势。如：①户外建构游戏是由全部小朋友同时参与，每周一次(大型户外建构游戏的实验班每周二次)，每个月还举行一次全园建构活动，定期进行亲子建构和混龄建构。②每次建构游戏的时间保证有1小时以上。③场地选择在户外，空间大，给予幼儿更多自主发展的机会。④在大型户外建构游戏开展中，幼儿的发展融合五大领域。⑤材料丰富，商品材料和废旧材料共计数百筐（长80 cm、高60 cm），多以非结构材料为主。⑥户外建构活动不设学习目标，活动方式有无限的可能性，活动结果具有不确定性，孩子们在游戏中不知不觉地走进各种各样的学习之中。

二、大型户外建构游戏的理论支持

（一）建构主义理论

建构主义学习理论认为，学习过程是学习者积极建构知识的过程，而不是被动地接受知识，主张以学习者为中心，教师鼓励学习者进行批判性思维，调动学习者的学习兴趣与动机。主体通过作用于外部世界并且由此获得的反馈信息来建构日益有用的、关于现实的知识和认知。儿童是主动的学习者，他们能主动地探究事物，并能通过经验知识发现事物之间的关系。

（二）杜威的教育理论

1. 教育即生活

杜威认为教育就是儿童生活的过程，最好的教育就是"从生活中学习、从经验中学习"。

2. 从做中学

儿童生来就有一种要做事和要工作的愿望，对活动具有强烈的兴趣，对此要给予特别的重视。

3. 以儿童为中心

杜威认为学校生活组织应该以儿童为中心，在学校生活中，儿童是起点，是中心，而且是目的。教师必须站在儿童的立场上，并且以儿童为自己的出发点。

户外建构游戏为幼儿提供了一个探究的环境，让幼儿在游戏中操作现实的生活材料，主动获取学习经验，从而建构自己的知识。教师坚持以儿童为中心，以材料为中心，采用不同的视角去观察孩子、解读孩子、评价孩子。

（三）高瞻课程理论

高瞻课程奉行的指导原则是幼儿对自己感兴趣的活动是有能力作决定并解决问题的。高瞻课程有着独特的"计划——工作——回顾"的活动过程。每个儿童在计划时，可以有目的地规划自己当天所要进行的活动，根据自己的目标选择材料和操作方式，完成自己的工作后进行回顾和思考。

第二节　融合五大领域的大型户外建构游戏

一、健康领域

（一）感受自然，促进身体骨骼发育

大型户外建构活动是幼儿在操场自由游戏1小时以上的活动，充分利用了户外的日光、空气，作适当锻炼，利于幼儿骨骼发育。尤其是在天气较寒冷或较炎热的时候，更是锻炼了幼儿对气候的适应能力。

（二）锻炼身体，促进动作协调发展

在一个完整的建构游戏中，幼儿从拿材料、开始游戏，到结束时的收拾材料，整个过程都在不停地运动，身体各个部分得到了充分的锻炼，特别是手的动作灵活协调。

（三）在游戏中学习，提高生活自理能力

每次户外建构时，幼儿需要用到大量的游戏材料；游戏结束时，幼儿必须将玩过的玩具全部收拾好。在这一过程中，幼儿学会了对号入座，能熟练地将物品按类

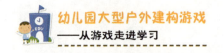
别整理，养成了良好的生活习惯。

二、语言领域

（一）拥有倾听与表达的机会

幼儿语言学习与发展的首要任务是帮助幼儿成为积极的语言运用者，而户外大型建构游戏为幼儿创造无所不在的语言环境。在游戏中，幼儿常常会遇到材料不够、难以独立完成游戏、向他人介绍等情况，他必须学会倾听并主动用语言表达自己的诉求。在游戏中，我们经常会听到："你可以帮我吗？我这儿需要一块木板"，"我们两个一起合作才能搭建好高的楼房"，"刚才是我不小心撞到你了，对不起呀"……

（二）语言表达充满创造性

幼儿创新思维的形成是建立在丰富的感性实践基础上的，在建构游戏中让幼儿体验快乐，"快乐之花"在幼儿心中开放，让幼儿在愉快、自主的气氛中展开想象的翅膀，开启智慧的大门，亲身感受自己的力量、同伴的帮助、朋友的支持，体验到成功离不开朋友、有趣的游戏离不开创新，创新游戏能给大家带来快乐和甜蜜。幼儿在如此环境中，遇到问题会想说、会说、敢于说。特别是当幼儿描述自己动手创造的物品时，他们能用成人意想不到的语言去表达："我的神州6号发射了，它可以飞到太空，给我带香喷喷的汉堡包吃"，"我给喜羊羊搭建的全自动房子，只要灰太狼一靠近，房子闻到狼的味道就会喷出火来"……

三、社会领域

（一）幼儿在社会性发展方面的转变

教师在指导过程中，发现幼儿在建构游戏中不知不觉地学会遵守秩序，学习与人交流，发展良好的人际关系，了解自己和别人的思想、感情、意向，善于控制自身的行为。游戏活动是发展幼儿社会交往的重要途径。幼儿社会性的发展在一定的社会情景中逐步达到相对自制。

（二）对幼儿社会性发展的影响体现

1. 激发幼儿的内在动机

交往能力的五个方面——合作、谦让、帮助、遵守规则、分享等渗透到游戏中去，寓教于乐，使幼儿在游戏中体验交往的成功与快乐，学会交往，学会合作。

2. 自发解决矛盾

幼儿之间的交往增多了，对于其社会性发展有一定的提升。教师应丰富幼儿在游戏中交往时运用的语言，让他们更好地交流；幼儿之间发生了矛盾，可以设立一个专门的途径进行解决，在寻求帮助以及发现问题、解决问题的过程中，幼儿解决问题的能力提高了。

3. 学会爱护物品

游戏中游戏物品经常损坏，这给了幼儿培养良好游戏习惯的契机，教师应积极引导，让幼儿更好地爱护游戏物品。

4. 学会尊重别人

建构过程中，幼儿要协调他们想要用的建构材料，要决定多少人可以在这里玩，要爱护建构材料，还要按规定安全地玩。他们同时还会交换想法，彼此的知识都能获得扩展，也学习到要尊重与自己不同的观点，发现自我与他人的差别。游戏让幼儿学会改变自己看问题的角度，逐渐克服"自我中心化"的观点和思维的片面性。在建构游戏实践中证明了游戏能够帮助幼儿由自我本位向他人本位的社会认知过渡。

5. 提升幼儿的自信心

游戏能激发幼儿的自信心和求知欲，帮助幼儿控制自己的情绪，培养自制力。在游戏中，幼儿能表现出较高水平的意志行为，抑制自己的愿望。游戏创造了一种想象的情境，这就要求幼儿不是按他自己的直接冲动去行动，而是根据游戏角色的需要去行动，从而使他学会把自己的愿望与一个虚构的"我"联系起来。幼儿在游戏中锻炼了意志，能够抗拒诱惑，延迟满足。这就验证了游戏能够促进幼儿意志行为的发展，实现自我控制，从而更好地发展自我意识。

四、科学领域

（一）在建构活动中学会感知形状与空间的关系

在建构活动中，各种建构材料以数、量、形的方式存在，幼儿在搭建过程中就会逐渐理解整体与部分的概念，增强对数量和图形的认识，这些促进了幼儿感知觉、思维的发展。孩子们就是在不停的建构中挖掘出事物间所蕴含的数量关系和空间存在形式的。

（二）在建构游戏中积累数学经验

在主题建构和自主建构过程中，处处蕴藏着数学教育的契机。如：各种材料的形状、颜色，搭建物品的高矮，使用辅助材料的数量，材料的种类，材料的整理，材料摆放的位置，等等，数学因素都充斥在建构游戏的每一个环节中，为数学教育提供了绝佳机会。幼儿通过自己的思考，建构着自己的数学经验。

（三）在建构活动中激发兴趣与好奇心

在幼儿建构过程中遇到困难时，可以通过观察、操作、讨论等实践活动，让幼儿在自主活动、主动探索的氛围中萌发创新意识，培养创新能力，使幼儿的整体素质得以提高。

五、艺术领域

（一）在建构过程中培养审美能力

幼儿在建构游戏中塑造美观、有型的物体的同时，促进了自身的审美能力。幼儿也可以借助绘画工具用自己的方式进行表现。

（二）建构游戏经常会转换成角色游戏

幼儿进行户外建构游戏时，教师常看到建构游戏转换成角色游戏，比如幼儿用两块木板对接，他就可以坐在旁边，用手敲打着下面的木板，口中还念念有词："我百度一下，看看有什么好吃的。"原来他在进行"玩电脑"的游戏。又如幼儿可以在自己刚建构好的房子里玩"过家家"的游戏，也可以在建构好的停车场里扮演修车师傅维修车辆。建构游戏迁移的角色表演提升了幼儿的艺术表现力。

孩子们在户外区域活动中参与各种各样的游戏，上演各种各样的故事，从游戏中可以窥见孩子们的内心世界，从中可以了解他们的思维发展。户外大型建构游戏帮助幼儿养成良好的学习品质，使他们在游戏中学会分享和合作，让他们的成长更自信、快乐！

第三节　大型户外建构游戏各年级建构目标

一、小班建构目标与内容

（一）阶段性目标

① 培养对建构的兴趣。

② 认识建构材料，感知特征（如：大小、颜色、形状、长短等）不同的材料与简单分类。

③ 学习各种基本的铺平、延长、围合、垒高、拼插等技能，搭建物体的简单造型。

④ 尝试运用不同的材料进行建构，掌握基本的操作方法。

⑤ 能用自己喜欢的方式大胆操作，培养观察力、想象力和动手能力。

⑥ 遵守游戏规则，乐于与同伴分工合作。

（二）活动前期指导

1. 活动形式

① 开展简单的桌面积木拼接游戏及室内的堆砌建构游戏，让幼儿初步尝试建构游戏的乐趣。

② 带领幼儿参观各年级的建构游戏，了解各类材料使用等，为搭建做准备。

2. 基本建构技能的掌握

① 在幼儿进行建构之前，必须让幼儿掌握一定的基本建构技能：排列、组合、接插、镶嵌、拼搭、垒高等。

② 对于一些最基本的技能，教师也可以通过集体演示的方法，将个体经验进行拓展，是幼儿模仿学习的方法。

③ 建构技能层次展现：线状—立体，平躺—站立，个体—复合，单一—多种（材料）。

（三）材料准备

① 提供圆形、正方形、三角形等形状的积木或纸质材料，使幼儿在游戏过程中感知不同的形状特征。

② 各种类型的建构材料包括：

辅助材料： 不同颜色的线轴、不同长短的木板、仿真花、木条、软砖头等。

废旧物品： 包装盒、塑料瓶、易拉罐、奶粉罐等。

③ 组织活动时注意选择材料要适时适当，不宜过多或变换过于频繁，否则容易使建构游戏变成纯粹的材料使用活动。

（四）游戏后期活动

1. 材料整理要求

① 材料选用统一的篮子整理，并按种类、颜色或大小摆放，贴上标识，便于幼儿识记与收放。

② 建构游戏结束后，教师可以采用不同游戏形式组织幼儿进行材料整理与收拾。如："能干的快递员"——游戏中可以让幼儿扮演快递员的角色，把不同的材料进行分类整理，可以提高幼儿整理材料的效率。

2. 活动经验分享

① 小班建构的评价可以集体或小组的形式进行，内容可围绕搭建的主题、遇到的问题、解决的方法、幼儿之间的合作能力等。

② 通过同伴间的相互交流，引导他们大胆表达自己的想法，通过经验的迁移，共同提高建构水平。如：可以请建构能力稍强的幼儿说说他是怎么搭的，为什

么这么搭。

③ 课后组织幼儿观看照片，回顾幼儿建构游戏的过程，仔细分析幼儿游戏行为，给予幼儿适当的支持。

④ 引导幼儿运用不同建构方式或辅助材料丰富搭建内容，充分表达并不断提高幼儿建构游戏经验。

（五）亲子活动指导

① 指导家长如何参与建构游戏的亲子互动关系，让家长了解材料与建构活动的意义。

② 活动中家长学会做支持者与配合者的角色协助幼儿游戏。

③ 亲子建构游戏中家长与幼儿体验到合作乐趣，激发幼儿原有创新意识和能力的发展。

④ 家长在游戏活动中从取材、活动、整理材料等环节起到以身示范的作用。

二、中班建构目标与内容

（一）阶段性目标

① 能积极参与建构，敢于用较为流畅的语言介绍自己的建构作品以及建构方法。

② 感知建构材料的特征，喜欢用多种材料搭建自己喜欢的作品，并懂得装饰自己的作品。

③ 掌握各种建构的技能，如：熟悉铺平、延长、围合、垒高、拼插、组合等技能，去搭建不同的作品。

④ 能用自己喜欢的方式大胆操作，遵守游戏规则，注意安全。

⑤ 能自由结伴，乐于分工合作进行搭建。

⑥ 建构活动结束后，能自觉收拾材料，并分类放好。

（二）活动前期指导

1. 活动形式

① 通过桌面建构、区域建构、每周户外班级建构、年级建构、沙池建构等多种形式享受建构游戏的乐趣。

② 建构前的讨论、建构后的分享和记录充分发挥幼儿的主观能动性，享受建构带来的成就感。

2. 基本建构技能的掌握

① 利用排列、组合、接插、镶嵌、拼搭、垒高等基本技能进行有主题、有情境的建构。

② 一方面及时提取优秀个案进行示范讲解，另一方面在建构前可提供建构技

能的相关图片或者视频，拓展幼儿的建构思维。

③ 建构技能层次展现：平面—立体，个体—合作，集体—分工，单一—多变。

（三）材料准备

① 提供各种木板、木条、木梯、木块、炭烧木等木质材料，使幼儿在游戏过程中能有更多的选择性。

② 各种类型的建构材料包括：

辅助材料： 不同颜色的线轴、仿真花、各种小物和布艺动物。

大型器械： 拱门、跨栏、各种交通标志。

③ 组织活动时注意选择材料要适时适当，不宜过多或变换过于频繁，否则容易使建构游戏变成纯粹的材料使用活动。

（四）游戏后期活动

1. 材料整理要求

① 材料选用统一的篮子整理并按种类、颜色或大小摆放，贴上标识，便于幼儿识记与收放。

② 建构游戏结束后，教师可以采用不同游戏形式组织幼儿进行材料整理与收拾。如："能干的快递员"游戏可以提高幼儿整理材料的效率。

2. 活动经验分享

① 中班的孩子当活动完成得差不多的时候，教师可以把孩子组织起来一起欣赏彼此的作品，让孩子说说觉得某个作品哪里最好看。

② 建构水平高的孩子可以请他分享今天搭建的作品是什么，它可以怎么玩，有什么功用。

③ 课后组织幼儿观看相片，回顾幼儿建构游戏的过程，分析哪些地方做得好，哪些事情不能重复做。

④ 引导幼儿根据自己的喜好搭建作品，并能说出选材和方法上与众不同的地方。

三、大班建构目标与内容

（一）阶段性目标

① 积极参与建构游戏，遵守游戏规则。

② 主动寻找同伴，自由分组，以自主方式挑选出小组长，商讨建构内容。

③ 小组长学会协调成员，分工合作拿取材料，共同建构。

④ 开拓思维，发散思维，学会为要做的事情制订计划。

⑤ 分享建构计划表，能用连贯的语言描述建构计划表内容。

⑥ 尊重、爱护、欣赏他人建构成果。

⑦ 安静倾听他人介绍建构成果，学习他人建构技巧。

⑧ 尝试独立思考解决建构游戏中出现的问题。

（二）活动前期指导

1. 前期经验积累

① 教师带领孩子参观与建构相关的内容，丰富孩子的经验。

② 家园配合，让家长了解班级开展的建构内容，配合丰富孩子知识。

③ 让孩子探索各类材料的特性及使用方法，为搭建做准备。

如：围绕"路"主题，请家长带孩子外出游玩时多关注各种路的形态，或是利用网络，下载各种路的图片让孩子欣赏，丰富孩子的知识，积累生活经验；开展建构游戏"亭子"，带领孩子参观幼儿园的亭子，让孩子了解亭子的外形结构，便于开展建构游戏；围绕"高架桥"主题，请家长带孩子外出游玩时多关注各种高架桥的形态，或是利用网络，下载各种高架桥的图片让孩子欣赏。

2. 基本建构技能的掌握

① 通过探索掌握建构技能：对于建构材料，先让孩子自由探索，掌握一定的基本建构技能，绘制建构计划表。

② 引导孩子思考将要建构的内容，画在计划表上，将需要的材料也画在上面，提前制订好计划，以便在开展时能更快地达到目标。引导孩子探索各类材料的特性及使用方法，为搭建做准备。

③ 建构技能层次展现：线状—立体，平躺—站立，个体—复合，单——多种（材料）。

（三）材料准备

① 提供各种不同材质、特性的材料，如：木板、梯子、木墩、木条、铁罐、纸砖、线轴等，使幼儿在游戏过程中感知不同材料的特性及建构特点。如：利用木梯搭建，作品的立体效果比较容易显现，也利于幼儿操作，但教师要注意引导幼儿安全拿放。

② 组织活动时注意选择材料要适时适当，不宜过多或变换过于频繁，否则容易使建构游戏变成纯粹的材料使用活动。

③ 建构过程中，部分材料不适合在开始阶段投放，如：动物、汽车等，可在孩子建构到一定成果后再投放。

④ 孩子根据制订的计划所需，自由选取建构材料。

（四）游戏后期活动

1. 材料整理要求

① 材料选用统一的篮子或架子整理摆放，按种类、颜色或大小贴上图标，孩

子根据图标提示拿取、归类、收拾。

②建构游戏结束后，教师可以采用不同形式组织孩子进行材料整理与收拾。

角色扮演法：孩子扮演快递员和管理员，快递员把不同的材料进行分类整理，运输给管理员，管理员需要把这些材料整齐地摆放到篮子里或架子上。

任务分配法：部分孩子在收拾环节不知从何着手，教师可以适当地给予他们任务，让孩子有目的性地去收拾、整理材料。

集体竞赛法：每个孩子自己数收拾的材料数量，最后评比出收拾数量最多的一名孩子，给予表扬。

小组竞赛法：看哪组收拾得最快、最整齐，给予表扬。

奖励法：每次收拾材料环节都评选出一名"爱心小天使"，奖励奖章。"爱心小天使"需要做到爱护材料，认真收拾。

语言激励法：男孩都比较有保护欲，在收拾环节，教师可通过语言来激励男生，"你力气大不大？这些重的材料你能一个人收拾吗？""你真厉害，能收拾那么重的材料。""真棒，会帮女孩的忙，帮女孩拿重的东西"等等，通过话语来激励男孩的积极性。

2. 活动经验分享

● **绘画建构计划表经验分享**

通过分享孩子制作的计划表，共同分享、讨论，针对每个孩子的计划表，师幼共同进行评价分析，总结出四个要求：主题明确、线条明显、画面丰富、颜色饱满。

● **建构成果分享**

通过同伴间的相互交流，引导幼儿大胆表达自己的想法，通过经验的迁移，共同提高建构水平。

自由欣赏：自由参观他人建构成果，尊重、爱护他人作品。

小组介绍：分成三组，每组一名教师带领，自由选择参观内容，并请该组建构的成员进行介绍，参观的孩子安静倾听，介绍后可自由提问或提出建议，由该组成员解答。

集体介绍：全体孩子一起分组参观，走到哪组就由该组的成员来介绍、讲解建构的成果。

选择性分享：推选一组进行分享介绍，请该组成员重点讲解使用的材料、建构方法。

● **建构游戏分享**

建构好之后，孩子可自行制定游戏规则，邀请同伴进行游戏。如："足球场"——每次只能一个人踢球，一个人守球门。

● **视频或相片分享**

组织孩子观看视频或照片，师幼共同回顾建构游戏过程，分析游戏行为，商讨处理问题的方法，并给予帮助及支持。

附：户外大型活动照片

全园开展的大型户外建构活动如图1-3-1至图1-3-27所示。

图 1-3-1　繁忙景象

图 1-3-2　各式马路

图 1-3-3　快餐店

图 1-3-4　动物新家

图 1-3-5　淘气的猴子

图 1-3-6　动物园

图 1-3-7　分层公路

图 1-3-8　观察思考

图 1-3-9　各司其职

图 1-3-10　你来我往

图 1-3-11　高架桥

图 1-3-12　车来了

图 1-3-13　游戏时间

图 1-3-14　动物大游戏

图 1-3-15　走小路

图 1-3-16　各式高架桥

图 1-3-17　收拾物品

图 1-3-18　瞧瞧新房子

图 1-3-19　小船

图 1-3-20　网桥

图 1-3-21　相互合作

图 1-3-22　城堡

图 1-3-23　漂亮的房子

图 1-3-24　对讲机

图 1-3-25　共同合作

图 1-3-26　高架桥

图 1-3-27　高楼大厦

公园里的建构如图1-3-28至图1-3-36所示。

图 1-3-28　咖啡店

图 1-3-29　天桥

图 1-3-30　环形公路

图 1-3-31　工地

图 1-3-32　植物园

图 1-3-33　各种植物

图 1-3-34　特别的凳子

图 1-3-35　铁路

图 1-3-36　钻山洞

沙池里的建构如图1-3-37至图1-3-41所示。

图 1-3-37　水到渠成

图 1-3-38　植树

图 1-3-39　后花园

图 1-3-40　辛勤劳作

图 1-3-41　小桥流水

"超级跑车"建构游戏如图1-3-42至图1-3-45所示。

图 1-3-42　高速公路

图 1-3-43　建房子

图 1-3-44　房子基础

图 1-3-45　漂亮的房子

亲子建构活动如图1-3-46至图1-3-55所示。

图 1-3-46　建构世界

图 1-3-47　师生同乐

图 1-3-48　咖啡店

图 1-3-49　热闹街角

图 1-3-50　新房子前合影

图 1-3-51　空中动物园

图 1-3-52　轨道

图 1-3-53　公园入口

图 1-3-54　花果山

图 1-3-55　可爱的猴子

收拾环节如图1-3-56至图1-3-62所示。

图 1-3-56　帮老师推车

图 1-3-57　物品归类

图 1-3-58　同心协力

图 1-3-59　共同收拾

图 1-3-60　互相合作

图 1-3-61　把材料归位

图 1-3-62　人多力量大

第二章

材料篇

　　我国有句俗语："巧妇难为无米之炊。"在孩子们的世界也同样是这样，游戏材料是幼儿表现游戏、发展游戏的重要物质支柱，离开了游戏材料，游戏几乎难以进行。游戏材料不仅丰富了幼儿游戏的内容和形式，还可以激发出幼儿的游戏动机和游戏构思，引起幼儿的游戏联想和游戏行动。游戏材料的本质特性和多样多变的特征，能使幼儿通过游戏活动发挥出其各种探索行为与周围生活环境之间互为推进发展的积极作用。教师们每增加或减少一种材料，孩子立刻就有不同的游戏表现。游戏材料就好像是隐形的翅膀，伴随孩子们自由翱翔。

第一节　建构游戏材料的投放和使用情况

一、建构游戏材料的投放

游戏材料是儿童游戏的物质支柱。游戏材料可以是任何东西，只要"一个小孩都能用它来玩的都是玩具"[a]。

（一）建构游戏材料的分类

建构游戏材料种类繁多，其分类根据划分标准不同而不同。

1. 材料的性质

长期以来，对建构游戏材料的划分大多按照材料来分，包括积木、积塑、金属结构材料、自然结构材料（如：植物种子）、砖、瓦、木料、沙土、冰雪等和各种造型土、橡皮泥等[b]。

积木是木质的结构玩具，具有各种形状，可用各种不同的组合方式和拼摆方法搭建。

积塑是由色彩鲜艳、不同质地的塑料制成的各种形状的结构元件。积塑的种类很多，具有和积木类似的长方形基本块，表面有凸出的插孔，儿童可以沿着插孔接插积塑块来建构作品。

辅助材料指的是幼儿园大、中、小班拥有的装饰类材料，包括动物玩具、炊具、玩具果蔬、汽车、娃娃等模拟形象玩具和环境标志，以及日常的回收类材料，如：盒子、瓶子、罐子、纸板、纸轴、剪刀、笔、纸、鹅卵石等日常用品和自然材料。

2. 材料的结构

按照材料的结构来分，建构游戏材料可分为"高结构"材料和"低结构"材料。

"高结构"材料有自己固有的形状、结构，操作时有一定的规律可循。幼儿一旦掌握了材料的使用规则，就能较快地按自己的构思完成作品，容易获得成就感。但是由于"高结构"材料的定性结构，使幼儿的随意想象和创造力受到一定的限制，所以往往无法满足幼儿探索、想象的需求。

---

a 斯蒂芬森. 学龄前儿童的玩具［M］. 黄人颂，译. 学前教育学参考资料（三）. 北京师范大学教育系学前
　教育教研室 1984 年编，第 111 页.

b 彭佩云. 幼儿教育辞典［M］. 北京：中国大百科全书出版社，2004.

"低结构"材料是一些无规定玩法、无具体形象特征的材料[a]。幼儿可以根据自己的兴趣和当时的想法随意组合并可以一物多用，从而为幼儿的想象提供了广阔的空间。如：类似于枯枝、绳子等这些原始的废旧材料，其可塑性大可让幼儿在活动的过程中通过一次次地摆弄不断探索、不断发现新用途并调整操作。幼儿对"低结构"材料的运用与探索有一段较长时间的过程，在此过程中满足了幼儿的探索欲望。

（二）材料种类、数量对儿童的作用

游戏环境中的材料和设施的数量可以影响儿童游戏的类型。对室内和户外游戏材料和设施数量的研究（Maguerite Johnson，1935；Smith & Connolly，1980[b]；Dempsey & Frost，1933）均表明，游戏材料及设施的数量与儿童游戏的社会交往水平存在负向关系，即当游戏材料或设施增加时，团体游戏会减少，而攻击性行为也会减少；当游戏材料或设施减少时，儿童之间的正向社会交往会增加，而同时攻击性行为也会增加。

关于在游戏中添加辅助材料的研究结果基本一致，许多研究者均认为游戏辅助材料的添加有助于游戏的复杂化。例如，Robinson & Jackson（1987）的研究发现，儿童的行为和材料的布局、搭配有直接关系。单纯提高游戏材料的复杂程度，并不能促使儿童产生更复杂的游戏行为，而增加一些辅助工具，则会引发儿童相应的行为。

（三）材料投放策略

在户外建构游戏的投放策略方面，根据幼儿年龄段投放建构材料，小班幼儿应先投放轻的、小的、低结构的材料，随年龄增加再增加材料的种类和数量。大多数教师是依据幼儿的心理发展特点、建构水平和活动主题来进行材料投放的，也有教师尊重幼儿的想法，参考幼儿是否会喜欢。总体而言，幼儿园的教师在材料投放方面的依据有一定的科学性。

大型户外建构特色活动是经过长期的实践慢慢总结出经验的，因而教师的材料投放策略很大程度上是通过组织活动时的经验积累和园内教研活动的经验交流逐渐完善的，也可以参考幼儿或家长在操作中的想法，因地制宜，具有很强的实践性。科学性和实践性相互促进，不断促使教师的材料投放策略更加灵活和多样化。

---

a 杨珊珊. 幼儿园结构游戏材料配备与使用的评价研究 [D]. 华东师范大学，2009.

b Smith, P. K. & Connolly, K. J.. The Ecology of Preschool Behavior［M］. Cambridge, England: Cambridge University Press, 1980.

二、建构游戏材料的使用情况

以下以香雪幼儿园开展建构活动的实践为例加以说明。

（一）幼儿户外建构游戏开展的时间和地点

本园内共9个班，大、中、小班各3个，其中大（一）班为实验班，所有主题活动都采用建构的形式，选的主题比较偏向建筑类，每周有2次户外建构活动，每次是一个上午或一个下午的完整时间段，适合开展连续性的活动。其他班级为非实验班，每周各有一次户外建构游戏时间，可供选择的场地有大操场、沙地等户外活动区，每次大约1小时。每个班有较多的时间进行户外建构，而且会利用家长开放日的时间进行亲子户外建构。而随着实践的深入，理论层面也会不断完善，实验班和非实验班对比得出的成果和经验也将得到推广。

（二）幼儿对游戏材料的偏好

以下以华南师范大学2013级本科生欧阳颖诗、杨钥、曾秋香、凌海容对本园建构游戏材料的投放和使用情况调查研究为例进行说明。

1.幼儿对材料的总体偏好情况

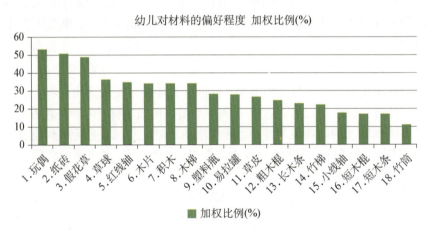

图 2-1-1　选择各种建构材料的幼儿比例

从图2-1-1可知，幼儿对户外建构材料的偏好程度从高到低分别是：玩偶、纸砖、假花草、草球、红线轴、木片、积木、木梯、塑料瓶、易拉罐、草皮、粗木棍、长木条、竹梯、小线轴、短木棍、短木条、竹筒。

2.不同年级、性别幼儿对建构材料的偏好情况

①年级差异（年龄差异）如图2-1-2所示。

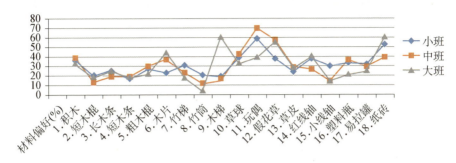

图 2-1-2　不同年级选择各种建构材料的比例

总体来看，不同年级的幼儿对建构材料的喜好没有呈现非常大的差异，基本上对玩偶、花草都表现出较大的兴趣和喜爱。从不同年级的角度来看，多数小班和中班幼儿以玩偶作为自己最喜欢的建构材料，而木梯则是60%左右大班幼儿的首选。而竹筒、木梯、短木棍、短木条却一致地成为了幼儿喜欢程度最低的四种材料。

② 性别差异。采用独立样本T对男女幼儿在建构材料的喜好上进行差异性检测，发现不同性别幼儿在选择玩偶、假花草、小线轴、纸砖上的偏好程度存在显著性差异，而在其他材料上的偏好差异较小。

3. 教师对幼儿喜爱的建构材料的了解情况

① 教师总体看法。

多数教师认为，幼儿最喜欢的建构材料为木片，纸砖和玩偶分别位居第二和第四，甚至连短木棍也跃居前五。从图2-1-3可以看到，教师的想法与幼儿的喜好存在较大的差异。

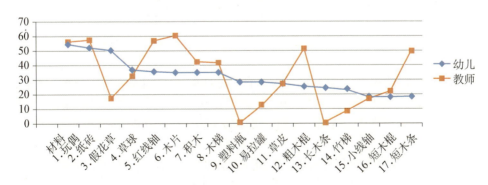

图 2-1-3　教师与幼儿选择各种建构材料的比例

② 不同年级师生对幼儿建构材料偏好的不同想法如图2-1-4至图2-1-6所示。

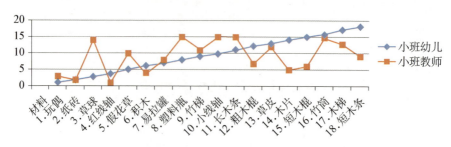

图 2-1-4　小班教师与幼儿选择各种建构材料的比例

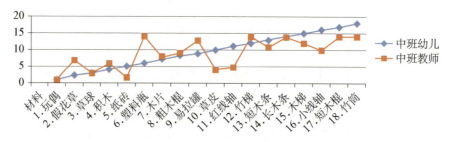

图 2-1-5　中班教师与幼儿选择各种建构材料的比例

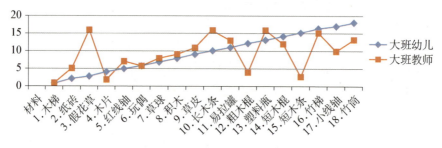

图 2-1-6　大班教师与幼儿选择各种建构材料的比例

　　小班教师对小班幼儿材料偏好程度的了解偏差较大。比如草球的排名相差11；木片、短木棍、短木条，排名相差9。但是对其中几种材料的幼儿偏好程度了解较准确，如：纸砖、草皮、竹筒、玩偶。教师认为幼儿最喜欢的是红线轴，事实上，幼儿最喜欢的是玩偶。

　　中班教师对中班幼儿材料偏好程度的了解偏差较小，了解最准确的是玩偶、草球和长木条，完全和幼儿的想法吻合，其次是木片、粗木棍和竹梯。了解偏差最大的是塑料瓶，教师认为幼儿不太喜欢塑料瓶，但是幼儿对其偏好程度排名第六。教师认为幼儿最不喜欢的是塑料瓶、竹梯、长木条、短木棍、竹筒，但是幼儿最不喜欢的是竹筒，其次是短木棍、小线轴。由此可以看出教师对幼儿的材料偏好程度有一定的了解，知道幼儿最喜欢玩偶，了解到幼儿不太喜欢竹筒、短木棍。

　　大班教师对大班幼儿材料偏好程度的了解偏差最大，但是教师了解到大班幼儿最喜欢的材料是木梯，对玩偶的偏好程度也和幼儿的想法一致。了解偏差较大的分别是：假花草、短木条、粗木棍，教师认为幼儿最不喜欢假花草，但幼儿对假花草的偏好程度排名第三；教师认为幼儿比较喜欢短木条、粗木棍，分别排名第三、第四，但幼儿对这两种材料的偏好程度分别排名第十五、第十二，几乎是不太喜欢的位置。

　　虽然教师们对幼儿喜爱材料的了解与幼儿的想法存在一些偏差，但是不同年级的教师都注意到自己班上幼儿明显地钟爱哪一种材料。并且从总体上看来，教师选择材料的类型大致相同，例如木棍、木条类型、玩偶类型、线轴类型几乎都是教师们认为幼儿喜爱的材料。

第二节　选用的常用建构辅助材料介绍

　　在为孩子们选择建构材料时，有以木质为主的各种形状的建构材料，还有能对游戏推进产生较大影响的辅助材料。辅助材料一般分为两种：一种主要是幼儿园已有的大型器械；另外一种是小花、草坪等增加游戏情境的材料。此外，为了便于幼儿拿取方便，我们定做了各种各样有轮子的不锈钢架子，这样可以让游戏活动更为顺畅。本节提供部分辅助材料的图片给大家参考。

　　建构材料（大型器械）如图2-2-1至图2-2-13所示。来源：统一采购。

图2-2-1　攀爬架　　　　图2-2-2　攀爬塔　　　　图2-2-3　轮胎

图 2-2-4　滑梯

图 2-2-5　平衡木

图 2-2-6　塑料器械

图 2-2-7　小拱桥

图 2-2-8　攀爬塔

图 2-2-9　垂吊架

图 2-2-10　圆形器
械

图 2-2-11　泳池

图 2-2-12　交通标志

图 2-2-13　过道

建构材料（辅助材料）如图2-2-14至图2-2-36所示。来源：网上购买、废旧回收。

图 2-2-14　小盆栽

图 2-2-15　树藤

图 2-2-16　梅花

图 2-2-17　树叶

图 2-2-18　草圈

图 2-2-19　假花

图 2-2-20　树枝

图 2-2-21　手插花

图 2-2-22　草皮

图 2-2-23　草垫

图 2-2-24　动物玩具

图 2-2-25　毛绒公仔

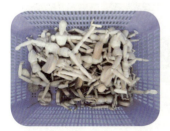

图 2-2-26　小木人

图 2-2-27　水瓢

图 2-2-28　小竹梯

图 2-2-29　簸箕

图 2-2-30　小木棍

图 2-2-31　塑料小栅栏

图 2-2-32　线轴

图 2-2-33　塑料垫

图 2-2-34　泡沫垫

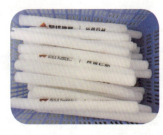

图 2-2-35　泡沫条

图 2-2-36　麻绳

建构材料摆放如图2-2-37至图2-2-47所示。

图 2-2-37　炭烧积木

图 2-2-38　各色线轴

图 2-2-39　长木板

图 2-2-40　木块与梯子 1

图 2-2-41　木块与梯子 2

图 2-2-42　竹制材料

图 2-2-43　各种形状的木板

图 2-2-44　各式材料

图 2-2-45　纸砖

图 2-2-46　棉制材料 1

图 2-2-47 棉制材料 2

第三节 材料的整理与标识

在游戏材料的使用中，我们一直将6S管理运用其中，即：整理（Seiri）、整顿（Seiton）、清扫（Seiso）、清洁（Seiketsu）、安全（Security）、素养（Shitsuke）6个工作项目。孩子们和所有教职工都是6S管理的践行者。在不知不觉中，大家都养成了有序使用材料的良好习惯。

一、材料的整理

材料的整理如图2-3-1至图2-3-4所示。

图 2-3-1 折纸砖

图 2-3-2 整理积木

图 2-3-3 整理瓶子

图 2-3-4 摆设整齐

二、材料的标识

材料的标识如图2-3-5至图2-3-9所示。

图 2-3-5 摆放材料车

图 2-3-6 贴标签 1

图 2-3-7 贴标签 2

图 2-3-8 对号摆放

图 2-3-9 一目了然

第三章

案例篇

　　本章提供大、中、小各班教师在每周一次的户外建构活动后的活动记录。教师为孩子营造一个充满趣味和吸引力的环境，让孩子的想象力无限放大。在这当中，教师真实地记录下孩子在游戏活动中学习的点点滴滴。记录让孩子的学习看得见。我们可以把"记录"理解为教育的"证据"，也就是教育的痕迹。只要有教育行为，开展了教育活动，都会有教育的痕迹，有痕迹就有迹可循。教育的痕迹可能是以幼儿的行为、习惯、语言等表征方式呈现。我们可以将这些表征方式以文字、照片、录像、录音等形式进行记录，并加以分析，了解幼儿行为背后的原因，同时也检查自己的教育是否有效，是否需要调整。这些"证据"是需要保留的。有了这些"证据"，使教师在一旁默默守护，不急于求成，在适当的时候去浇水施肥，静待花开。

第一节 大班自主游戏实例

大班自主游戏实例1:

欢乐水上乐园——打水仗

游戏背景	炎热的夏天到了,配合季节性的变化,本次活动的主题为"游泳池搭建",同时让幼儿脱去上衣尽情地享受阳光浴
游戏过程	大班孩子有了更多自己的想法,因此本次活动教师让幼儿自己构思游戏内容。幼儿刚开始都没主意,元元说:"天气这么热,我想到泳池里玩呀!"宇轩说:"我也想玩打水仗。"幼儿对这个话题非常感兴趣,讨论得异常激烈。于是我们最后决定来一场"水上乐园打水仗"的游戏。 活动开始后,孩子们结合自己与小组成员的想法,一起寻找搭建泳池的材料,杭杭与轩轩说:"我们来做个游泳池吧,然后泡在里面玩水!一会儿打水仗时可以躲进去。"此时,嘉浩调皮地钻进了圈圈里面,让两个孩子推动着他前进。(见图3-1-1)另一组悦悦和滢滢则来到了大型积木架里抽取了一根长长的积木,然后说道:"我们要用这个来做小板船,可以在水上划来划去。"(见图3-1-2)   图 3-1-1 体育器械来建构　　图 3-1-2 取放材料 在另一侧,曦曦与生生拿着纸砖头在商量着什么,神情非常认真。伟伟说:"在这里用一块砖头架起来做一个大洞,这样可以放水枪。"曦曦说:"那我们就在旁边多做几个大洞吧,这样就可以躲在大洞里打水枪啦。"(见图3-1-3)

文康他们把大圈圈摆放好了，安排其他幼儿一起拿更多的砖头叠高，他说："这样可以防止别人往这里洒水，有着保护的作用。"（见图3-1-4）

图 3-1-3　共同研究

图 3-1-4　一起建构

各组商量好了，于是大家都忙碌起来了。在大家齐心协力的合作下，各组的水上乐园很快完工了。

滢滢他们组所搭建的水上小船，幼儿们都已经坐上去好好地体验着这种乐趣了。（见图3-1-5）

元元与文康这组还在忙着完善他们水上乐园里的设备，轩轩说："我们把里面的位置弄大点，一会儿我们可以坐进去，在这里可以多放点'弹药'。"（见图3-1-6、图3-1-7）

曦曦这几个幼儿已经把自己的水上城堡建完了，他们开始进行打水仗前的实践演练。（见图3-1-8）

图 3-1-5　休息一下

图 3-1-6　注意细节

图 3-1-7　尝试下水

图 3-1-8　打水仗

最后，大家的水上乐园都完工了，幼儿一听到教师给予的指令，便开始了打水仗，只见幼儿们拿着他们之前准备好的"水枪"（彩色纸砖头）用专业的姿势来瞄准对方，嘴里发出了"呼呼呼……"的声音。幼儿们都很兴奋地投入整个游戏当中（见图3-1-9至图3-1-11）

图 3-1-9　水枪发射

图 3-1-10　你来我往　　　　　　　图 3-1-11　发射塔

行为解读

　　大班孩子的建构想法有着自己独特的一面，他们能把平时的生活经验结合在游戏活动中。同时大班孩子也喜欢在游戏中做一个"小领导"，喜欢在游戏中表现出自己"出谋献策"的作用。所以在这次游戏活动中，幼儿主动性很高。

　　幼儿完成了自己建构出来的水上乐园后，他们都很清楚今天的游戏并没有结束，因为他们期待着下一个更精彩的环节。当教师宣布"水上乐园打水仗开始了"，幼儿们拿着自己整装待发的"水枪"与大家一起对抗起来。幼儿在欢呼与激烈的对抗中开心、投入地游戏着，这就是幼儿在游戏中最大的收获与最真实的反应

教师支持

　　1. 游戏的目的是给予幼儿一个自由、自主的空间，提供幼儿进行操作、实践与探索游玩的机会。在大班幼儿游戏中，教师要让幼儿成为游戏的主人，把游戏的主动权交给幼儿，让他们自己去策划、制作，这样可以让游戏更具魅力。

　　2. 在游戏活动中尊重幼儿，读懂幼儿在游戏中的各种行为。

	同时建议幼儿以小组形式来开展建构游戏，这可以让幼儿在小组中相互商量与讨论、合作等，共同达成他们所策划的游戏目的，并能提高他们的相互学习能力。 3. 把握更多的适时机会，让幼儿在游戏活动中除了可以建构出游戏的作品，还可以享受作品带来的游戏体验，让活动更具有游戏趣味
游戏亮点	幼儿能结合当时的天气来自主地策划游戏活动的内容，在整个游戏环节中幼儿有着充分的自主性，可以自由设计自己喜欢的游戏，并能很好地与同伴商量与合作，让幼儿掌控整个游戏的主动性

（本案例由颜少丹、彭鹏、严爱基老师提供）

大班自主游戏实例2：

长板——迷宫

游戏背景	今天在建构游戏活动中给幼儿增添了一种新的材料（木板），这种游戏材料是大班孩子没有接触过的，所以在游戏前教师与幼儿一起商量如何在游戏时安全地使用这种材料。于是孩子们在活动开始前具有了初步保护自我的意识，例如，每人戴上一副手套来进行游戏
游戏过程	由于木板比较重，所以在使用过程中需要幼儿之间相互配合，因此幼儿在活动前就已经选好了自己的小助手。本次活动的主题是迷宫。活动开始时，幼儿会根据木板的重量进行两两配合的操作。在幼儿熟悉了木板的操作技能后，个别幼儿开始尝试独立操作。宇宇尝试着自己搬动长木板放在另一个木柱上，但由于宇宇的个子不高，搬动这根长木板有点吃力，于是他叫来小助手才才帮忙："才才，快点过来帮忙呀！"才才看到了这番情景，便马上跑了过来，同行的还有意意与嘉浩。（见图3-1-12）嘉浩看到轩轩摆放木板的另一端缺了一根木柱，于是马上搬来一根木柱衔接上。最后大家都很细心地将木板摆放平衡。（见图3-1-13）

图 3-1-12　木板搭建

图 3-1-13　寻找平衡

正当他们想要离开时，长木板出现了摇晃的现象，宇宇大声叫道："不要倒呀！"俊曦马上扶着长板，其他幼儿也纷纷上前扶住木板。（见图3-1-14）

宇宇弯下腰，仔细地探索长木板站不稳的原因。最后他发现，原来其中一个角没平衡，于是他找了几根小木棒并将其塞进不平衡的缝里，但是几次尝试之后还是没办法让长木板平稳，于是宇宇将小木棒从粗到细一一试了一遍，直到长木板平稳为止。"哦！终于站稳啦。"宇宇长长地吁了一口气。但他还是不放心，于是让曦曦站在那儿扶着。他又检查了一遍，确定长板放稳后，他才放心地与其他伙伴做其他的事情。（见图3-1-15、图3-1-16）

图 3-1-14　共同讨论

图 3-1-15　互相配合

图 3-1-16　搭建成功

见到宇宇不需要帮忙后，意意与嘉浩来到另一边忙了起来。为了防止长木板在穿过已搭建好的迷宫架时将其他搭建好的木板撞倒，意意小心翼翼地弯着腰，抱着长木板缓慢前行。此时的嘉浩正抱着木柱子等意意拿牢长木板，他准备用这根长木板在另一个迷宫架上建一个衔接桥。可是尝试过几次后，他们发现这个衔接桥有可能会影响另一个桥架，并导致其倒塌，因此他们最后放弃了这个想法。（见图3-1-17、图3-1-18）

图 3-1-17　丰富材料　　　　　图 3-1-18　多变的线路

意意的那根长木板一端仍放在木柱上，形成一个斜坡。嘉浩看到这个斜坡，开心地从其他地方拿来一个白色线轴，放在这个斜坡上，只见白色线轴在斜板上"咕咕咕……"滚下去。意意说："哗！这样很好玩呀！"于是他们便在这里停留下来，玩起了滚线轴。（见图3-1-19、图3-1-20）

图 3-1-19　创意玩法　　　　　图 3-1-20　迷宫探索

在孩子们的共同协作下，一个大型迷宫搭建了起来，他们开始欢快地在迷宫里游玩起来。有的在爬行，有的躺在迷宫线上进行前移，有的拿着棒子当拐杖弯着腰行走着（见图3-1-21、图3-1-22）

图 3-1-21　游戏时间

图 3-1-22　休息一下

行为解读	建构活动中会出现各种材料让幼儿去接触与尝试。幼儿在尝试与体验当中学会了勇敢地接受各种挑战，在游戏中他们也学会了按材料的性质去搭建自己的作品。这些行为建立在大班幼儿合作协调能力不断提高的基础上，同时也进一步提升这些能力
教师支持	1. 在游戏中，教师提供不同性质和多样化的材料，可以满足幼儿游戏的需要。 2. 当教师提供新材料时，应该引导幼儿如何正确、安全地使用，加强幼儿自我保护意识和能力。 3. 在之后的建构游戏中，教师应该进一步促进幼儿在活动中的合作与协调能力
游戏亮点	幼儿尝试让长木板稳固下来的坚持让人感动，整个游戏中幼儿的合作精神与合作技能得到了很好的体现

（本案例由颜少丹、彭鹏、严爱基老师提供）

大班自主游戏实例3：

开心火锅城

游戏背景	幼儿园新增加了圆形与方形的木板，这些新材料的投放吸引了幼儿的眼球。我们使用这些新增入的材料开展了一次季节性活动——"打火锅"，主要目的是提高幼儿在实践活动中使用材料的能力
游戏过程	幼儿对新加入的材料充满了好奇，自由分组后，大家很快开始了活动。

俊曦拿着四块长方形木板进行组装，之后对同组小伙伴说："这是电脑，我们要吃什么菜在电脑里按一下就行啦！"（见图3-1-23）这一个小小的举动让我很感动，孩子再现了其与父母在火锅店进餐时的经验。

梓凌说："在电脑旁边加两个板吧，这样可以挡住火锅里的水。电脑就不会出现问题了。"（见图3-1-24）

图 3-1-23　电脑点餐　　　　　　图 3-1-24　保护电脑

大约十来分钟后，俊曦组的火锅店差不多完成了。这时，衡衡拿着一个长长的纸筒放在"火锅"（圆板）上，俊曦看见后试图阻止，衡衡说："火锅炉里有这个东西的，我平时涮牛肉锅时，就看到中间插着个长长的东西。"梓凌跟着说："对呀！我也见过。"俊曦听他们这么一说，也觉得有道理并接受了这个想法。接下来，大家继续投入游戏活动中。（见图3-1-25）

在另一组，嘉浩与小伙伴们将"火锅"用大圆板围了一圈，他们解释道："这是垫子，是给客人们来吃火锅时坐的。"没想到孩子们如此细心和贴心。（见图3-1-26）

图 3-1-25　互相讨论　　　　　　图 3-1-26　吃火锅游戏

嘉浩与小伙伴们忙完火锅炉的摆放后，转过头来问艺艺："艺艺，你的工作完成了吗？"艺艺说："等等，我正忙着，这里的厨房差不多完成了，我们一起来加油吧！"老师问："这里为什么要有个厨房？"艺艺说："这个厨房是用来放食物的，我以前去吃火锅时，看到火锅店里的厨房很大，里面有很多蔬菜和食物。"于是，嘉浩也参与进去，进行搭建，厨房的搭建工作完成后，艺艺跑到厨房的另一边用彩色纸砖建了一条长长的小弯路。此时，后面的伟伟跑了过来，艺艺马上紧张地对他说："你不要过来破坏我的水管呀！"伟伟好奇地问："这水管是用来做什么的？"艺艺用很神气的语气对伟伟说："厨房洗东西的脏水就可以从这里流出来啦！这你也不懂呀！"（见图3-1-27、图3-1-28）大班的孩子表现力逐渐增强，开始学会自信、主动地表达自己，但受到发展各方面的限制，虽无恶意但无法婉转表达。为了培养幼儿礼貌表达的习惯，这时候教师可以做出相应的干预，例如可以告诉艺艺应该礼貌地告诉伟伟自己在做什么。

图 3-1-27　厨房建设　　　　　图 3-1-28　建排水管

各组的火锅店完成后，小伙伴们进入火锅店里，开始慢慢地"品尝"着各种"美食"。（见图3-1-29、图3-1-30）

此时我们发现，嘉浩组的泳欣不见了。抬头一看，才发现她跑到了火锅店的另一个角落里，老师问道："泳欣，你在这里干吗呀？"泳欣说："我在这里收钱呀！他们吃完了火锅要在这里买单的。"泳欣刚说完，艺艺便走了过来配合地说："老板，买单。"（见图3-1-31、图3-1-32）

图 3-1-29 开始吃火锅

图 3-1-30 品尝火锅

图 3-1-31 收银台

图 3-1-32 结账

行为解读	1. 在建构游戏中，幼儿对任何一种材料的玩、摆放、组装，都有着自己独特的想法，成人应该尊重。 2. 大班孩子的生活经验逐渐丰富，在建构活动中逐渐能够结合生活经验进行建构，建构的内容越来越丰富。 3. 大班孩子的观察、创作、合作以及言语表达能力在建构游戏中得到很好的体现，但仍然需要进一步帮助幼儿形成礼貌表达、友好合作的习惯
教师支持	1. 尊重幼儿在游戏中的自由组合形式，引导幼儿在游戏中选择适当的同伴共同进行游戏与合作游戏。 2. 教师结合活动需要，适时、适当给予幼儿材料操作的卫生指导，避免安全事故发生。 3. 材料投放中，除了常规性操作材料的投入，教师可以添加一些角色扮演的道具，丰富幼儿的建构游戏
游戏亮点	丰富的生活经验让幼儿在游戏中游刃有余地表现自己，孩子们投入、专注、积极和主动的建构精神很是让人感动

（本案例由颜少丹、彭鹏、严爱基老师提供）

大班自主游戏实例4:

创意建构——遥控小车

游戏背景	在开展建构活动中,幼儿最喜欢把自己平时喜欢玩的游戏、经验与之融合在一起,在建构活动中,幼儿扮演着自己喜欢的角色,建构自己喜欢、想象中的东西
游戏过程	小古和豪豪平时就爱一起玩,也是班上比较能干的小朋友。一开始我是被他们的笑声吸引住的(见图3-1-33),走过去一看,只见小古手上拿着一块小木板,两个大拇指在木板上使劲点按,豪豪操作着一个由两个线轴和圆木条拼搭的小车(见图3-1-34)。小古边点按木板,边说:"向前、向后……紧急跳跃模式,Boom!"豪豪就听着小古的指令操控小车向前、向后……最后豪豪拿着圆木条跳了起来。(见图3-1-35、图3-1-36)   图3-1-33　建造小车　　　图3-1-34　好玩的小车   图3-1-35　遥控车　　　图3-1-36　开心一刻 细问下,原来小古手上拿着的是小车的遥控器,豪豪扮演小车,控制小车的运动。两人还会互相交换角色,体验"遥控车"给他们带来的快乐(见图3-1-37、图3-1-38)

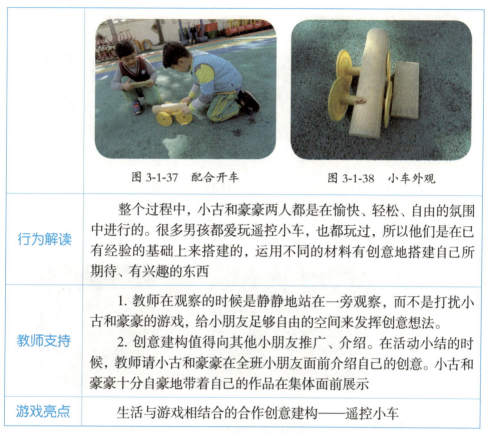

	图 3-1-37 配合开车

图 3-1-38 小车外观

行为解读	整个过程中，小古和豪豪两人都是在愉快、轻松、自由的氛围中进行的。很多男孩都爱玩遥控小车，也都玩过，所以他们是在已有经验的基础上来搭建的，运用不同的材料有创意地搭建自己所期待、有兴趣的东西
教师支持	1. 教师在观察的时候是静静地站在一旁观察，而不是打扰小古和豪豪的游戏，给小朋友足够自由的空间来发挥创意想法。 2. 创意建构值得向其他小朋友推广、介绍。在活动小结的时候，教师请小古和豪豪在全班小朋友面前介绍自己的创意。小古和豪豪十分自豪地带着自己的作品在集体面前展示
游戏亮点	生活与游戏相结合的合作创意建构——遥控小车

（本案例由钟淑娴、龙小清、陈伟芬老师提供）

大班自主游戏实例5：

创意建构——摄像头

游戏背景	大班小朋友的社会生活经验已有一定的积累，他们喜欢在建构游戏中加入自己生活中的经验元素
游戏过程	这一组由5个小朋友一起合作，一开始没有商量怎么建构，只说要建一个"监狱"，几个人都把自己拿到的材料摆在一起，中间高起来的是摄像头，下面的线轴是"犯人"。（见图3-1-39）建了一会儿，他们停了下来，觉得这样建不好，要重新设计。（见图3-1-40）

图 3-1-39　摄像头　　　　　图 3-1-40　重新摆设

于是，他们重新摆放已有的材料，并增添了一些新材料，使整个作品看起来更加大气，他们每人控制一个摄像头，还用线轴当椅子。（见图3-1-41）航航坐在地上，认真观看摄像头拍到的东西。（见图3-1-42）

图 3-1-41　启动摄像　　　　图 3-1-42　看看有什么

我看到越越旁边有个由两块小木板搭建的东西，我问他是什么，他说："这个是刷卡机，是保护这个监狱安全的，要刷卡才能进去，没有卡是进不去的。"（见图3-1-43）搭建好整个作品后，他们5个就每人负责一个摄像头的控制，只见越越扶着摄像头下面的小木条转来转去，认真地监控，忽然，又从旁边拿了一个线轴，放到摄像头上面，原来，他是想用线轴来转换摄像头的方向，使摄像头能够更加容易地转动。真是聪明的孩子（见图3-1-44）

图 3-1-43　刷卡机　　　　　图 3-1-44　实时监控

行为解读	在建构过程中可以看到，幼儿可以自己发现自己存在的问题以及需要改善的地方，然后能够通过与同伴沟通，再重新调整自己的建构方向，来达成自己想要的结构，得到自己想要的东西
教师支持	1. 教师静静地在一旁观察，让幼儿自己发现、改善自己的建构作品，给幼儿足够自由的空间来发挥创意想法。 2. 创意建构值得向其他小朋友推广、介绍，在活动小结的时候，老师请这组的小组长在全班小朋友面前介绍、展示该组的创意。 3. 在以后的建构活动中可以增添更多的材料，激发幼儿更多的创意想法
游戏亮点	在活动中能够发现不足、及时调整自己的作品，让自己的创意得到更好的发挥

（本案例由钟淑娴、龙小清、陈伟芬老师提供）

大班自主游戏实例6：

好玩的纸箱建构游戏

游戏背景	《纲要》指出："教师要学会指导幼儿利用身边的物品或废旧材料制作玩具、手工艺品等来美化自己的生活或开展其他活动"
游戏过程	今天在大班的集体建构中，我们给小朋友投入了新的材料——纸箱。在玩之前，我们并没有强调它的玩法，想看看小朋友到底能玩出什么花样，只告诉小朋友这里有好多的纸箱，让他们去动脑筋想想看可以怎么玩，如何把它们运用到建构里。下面是小朋友的创意想法： 只见姗姗直接就往箱子里面钻，说那是她的家，住在里面好温暖。（见图3-1-45） 纸箱竖着是可以打开放的，横着放会塌下来。只见悦悦和嘉嘉在尝试往箱子里面放纸墙砖，希望能把大纸箱横着立起来。（见图3-1-46）

图 3-1-45　温暖的家　　　　图 3-1-46　继续完善

小古说那是他的火箭发射台。（见图3-1-47）

涵涵用自己的身体把纸箱横着撑开，躺在里面，他说那是睡觉的床。（见图3-1-48）

图 3-1-47　火箭发射　　　　图 3-1-48　床

越越用纸箱、纸墙砖、木条搭建了一个隧道。（见图3-1-49）

欣欣和霏霏用纸箱和一些木圈、线轴搭建了两个鱼塘。箱子里面不同的东西代表的是不同的鱼（见图3-1-50）

图 3-1-49　隧道　　　　图 3-1-50　鱼

行为解读	教师提供的材料都是一样的，那么为什么幼儿能够建构出不同的东西呢？这就在于每个小朋友的生活经验都是不同的。他们会把自己见过的、听到的运用到自己的建构中，再经过自己的创意，就会变成独一无二属于他自己的建构作品。 　　建构过程中有的可以独立一人完成，有的需要其他小朋友一起协助，共同完成，这也锻炼了小朋友的社会交往能力和动手能力
教师支持	作为一线的教师，应该在日常活动中多一个心眼，找一些既能简单收集又能灵活使用的废旧品，因为它们可以成为幼儿游戏中的关键物质基础。它们不仅能丰富幼儿游戏的内容和形式，还能激发出幼儿的游戏动机和游戏构思，引起幼儿的游戏联想和游戏行动
游戏亮点	废旧物品利用，好玩的纸箱建构游戏

（本案例由钟淑娴、龙小清、陈伟芬老师提供）

大班自主游戏实例7：

木板的创意联想

游戏背景	任何一种游戏，都有其内在的价值，对幼儿的创造力、想象力、思维、语言等的提高都有帮助。大班幼儿对建构游戏更是存在着浓厚的兴趣，帮助幼儿更好地激发想象力、创造力，发挥幼儿的潜能
游戏过程	随着自主建构游戏的开展，每次设想新的建构活动时老师都很为难，同样的一些材料，怎样让小朋友能创新搭建，又契合主题呢？ 　　但出乎意料的是，每次小朋友们都有新的想法，同样的材料经过不同的组合、搭建，又体现出新的想法和创意，而这些想法也激发了老师的思维。可以肯定的一点是，这些材料如果在老师自己手上，应该不会有小朋友玩得那样好！ 　　小古和淅淅用两块木桩做支架，将一块木板放在支架上面，一个跷跷板就做好了，还可以坐在上面玩呢，真棒！（见图3-1-51） 　　同样是木桩做支架并在上面摆上木板，小愉和廖廖搭建的是高速公路，她们说车子都可以在上面开，去很远很远的地方旅行哦。（见图3-1-52）

图 3-1-51　跷跷板　　　　　　图 3-1-52　高速公路

越越和豪豪建了赛车道，但没有赛车，他们就用圆形木板代替做实验，但是圆形木板滚下来的时候很容易就滚到车道外面去了。越越说，不行，还要进行改良。（见图3-1-53）

越越不断地尝试，想用不同的方法让木板在滚下来的时候不要滚到车道外面去。（见图3-1-54）

轩轩和萱萱建了秘密基地，他们说下雨能挡雨，还能坐在里面聊天、看星星。（见图3-1-55）

图 3-1-53　赛车道　　　图 3-1-54　尝试赛车　　　图 3-1-55　秘密基地

媛媛和小宜建了高架桥。小宜说上面的木板怎么放都放不好，最后好不容易才放稳的，要小心，不然待会儿又会掉下来。高架桥下面还种了好多花草，这些是美化环境用的。（见图3-1-56）

福福一个人搭建了马路，一直通往很远的地方，中间高起来的地方，他说是一座桥（见图3-1-57）

图 3-1-56　高架桥	图 3-1-57　马路

行为解读	材料越丰富，幼儿在游戏中通过操作获得的感官经验就越多。建构游戏对幼儿的动手能力以及手眼协调能力都有着重要的作用，更重要的是在建构游戏中，幼儿的创新能力不断增强，想象力和创造力不断得到发展，主动学习的积极性也不断提高
教师支持	在建构游戏中，教师最重要的就是及时提供给小朋友丰富的材料，还要懂得忍耐，不要看到小朋友遇到困难就冲过去帮忙，要让小朋友自己去想办法解决问题，学会与同伴一起合作
游戏亮点	良好的品德得到发展，不怕困难，勇于接受、面对挫折，战胜自己

（本案例由钟淑娴、龙小清、陈伟芬老师提供）

大班自主游戏实例8：

材料的有效取放

游戏背景	最近发现每次建构活动都有小朋友一开始的时候就不断地拿很多材料摆到自己的旁边，但是拿回来的材料都用不完，就一堆摆在旁边，没有及时放回该材料的篮子里，别的小朋友想用又没有材料
游戏过程	针对这一情况，老师今天特意进行了观察并拍照记录，希望通过实例和照片的展示，来引导幼儿及时发现存在的问题，并能知道这是不好的，因为除了会阻碍建构的场地，还会影响到其他小朋

友使用材料，这不是个好的行为习惯。

姗姗、嘉嘉和彤彤想用木条来搭建花架，但是发现木条太小了，站不稳，所以就放弃用木条了。虽然木条不用了，但是他们没有把木条放回原位，只把木条放在一边就不管了。（见图3-1-58）

使用木条失败后，姗姗他们就改用小长木片，但是发现小长木片还是不能稳稳地站起来，又放弃了，还是放在一边就不管了。（见图3-1-59）

图 3-1-58　搭花架　　　　图 3-1-59　尝试失败

他们放弃了搭建花架，改用草皮、花圈、花球等建造小花园，但是他们之前不用的材料还是摆在旁边，没有放回原来的篮子里。（见图3-1-60 、图3-1-61）

图 3-1-60　改建花园　　　　图 3-1-61　认真布置

军军和越越也是一样，拿了大量的长木条、木板，但是没有使用，放在一边，没有放好。（见图3-1-62）

琳琳和明明、承承这一组，本来材料摆放得很好，旁边没有多余的材料，但是后来他们的作品倒塌了。倒塌后他们重建，重建后的作品与之前的不一样，使用的材料也有所不同，因此地上就多了很多用不上的材料，但是也摆在地上没有人收拾（见图3-1-63）

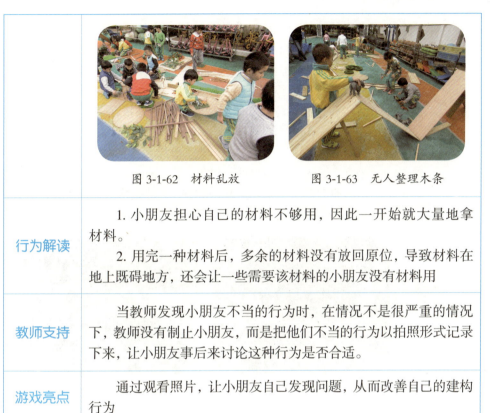

	图 3-1-62　材料乱放　　　　　图 3-1-63　无人整理木条

行为解读	1. 小朋友担心自己的材料不够用，因此一开始就大量地拿材料。 2. 用完一种材料后，多余的材料没有放回原位，导致材料在地上既碍地方，还会让一些需要该材料的小朋友没有材料用
教师支持	当教师发现小朋友不当的行为时，在情况不是很严重的情况下，教师没有制止小朋友，而是把他们不当的行为以拍照形式记录下来，让小朋友事后来讨论这种行为是否合适。
游戏亮点	通过观看照片，让小朋友自己发现问题，从而改善自己的建构行为

（本案例由钟淑娴、龙小清、陈伟芬老师提供）

大班自主游戏实例9：

同伴间的合作与配合

游戏背景	现在的孩子，从小就在缺乏困难的环境中成长。在家里，他们大多生活在平静温和的港湾里，缺乏解决实际问题的机会；在幼儿园里，大多数教师又受家长或其他方面因素的影响，怕孩子因争吵而打伤或碰伤。因此，长此以往，孩子们一遇到问题就以拳脚来决定胜负，这对孩子之间的交往会产生不利影响，从而导致交往能力差、合作意识不强、参与集体活动积极性不强等后果。因此，从小培养幼儿解决问题的能力是非常重要且必要的

今天的建构材料中,我故意增添了小竹梯,孩子们是第一次玩。刚开始拿到小竹梯时,幼儿迫不及待地每人拿了一把,开始摸索怎么玩,他们知道小竹梯能立起来,但是要怎么才能立起来呢?这就给孩子们带来了难题。

浩浩和铭铭很聪明,他们把两把小竹梯拼在一起,梯子就可以立起来了,于是其他孩子也开始尝试,把两把、三把梯子拼在一起。(见图3-1-64)

小宜、彤彤和小愉尝试了很久,想把两把梯子立起来。他们不是用铭铭他们把梯子错开搭起来的方法,而是将两把梯子对撑,但是这个方法难度较大,梯子也很容易就会掉下来。(见图3-1-65)

游戏过程

图 3-1-64　小竹梯立起来了　　　图 3-1-65　继续尝试

小竹梯的问题解决了,又一难题出来了:梅花要怎么才能立得稳呢?

钟尉峻搭了个大门口,他发现把小竹梯靠在木桩上,小竹梯也能立起来,梅花也能好好地靠在大门上面。(见图3-1-66)

谦谦一组把梅花插在小竹梯的空隙中,梅花好像在竹梯中间盛开一样,美极了。(见图3-1-67)

图 3-1-66　门前梅花林　　　图 3-1-67　竹上开花

嘉嘉则把小木块摆在一堆，把梅花插在中间，看看能不能让梅花立得稳，可惜这个办法行不通。（见图3-1-68）

小古想了个很棒的方法：他把两条木桩并排放在地上，然后在上面摆上两层小木块，把梅花插在小木块与木桩的空隙中，梅花就能稳稳地立起来了（见图3-1-69）

图 3-1-68　立不稳　　　　图 3-1-69　立起来了

行为解读	在没有教师的帮助、提醒下，孩子们都会通过自己想办法，同伴间互相学习，不断尝试来解决遇到的困难
教师支持	每次问题出现时，教师往往会以权威者的身份出现并加以阻止，孩子们也因此失去了很多独立解决问题的机会，解决问题的能力也就越来越得不到发展。因此，教师特意提供了小竹梯这一建构材料，希望幼儿能够通过友好地与他人沟通，得到他人的帮助和合作
游戏亮点	通过观看照片，让小朋友自己发现问题，从而改善自己的建构行为

（本案例由钟淑娴、龙小清、陈伟芬老师提供）

大班自主游戏实例10：

我们爱建构

游戏背景	上周大班的孩子们参加了幼儿园组织的春游活动，孩子们在活动中参加了摘桑果、植树、插秧苗、沙滩游戏等活动，在大自然中体验不一样的生活气息，在活动中提高了学习能力，丰富了生活经验。这次的建构活动就是以春游为主题，让孩子自由合作选择春游的一个场景进行建构的
游戏过程	今天提供给孩子的材料比较丰富，但是数量并不是很多，孩子分好组后就开始自主建构，有建大巴车的，有建高速公路的，有建饭店的…… 游戏开始不久，翔翔就用砖块建了一辆大巴车，还煞有其事地开着，其他伙伴看见了也参与了进来，纷纷坐进了车。（见图3-1-70）后面的乘客还在和老师交流怎么开车去春游（见图3-1-71），当老师说这辆车可以做得更大、更完整一些时，他们又开始忙活起来了。而另一边，萌萌正在用木块和木板建一条高架桥，而他每做完一段路都会检查一下够不够坚固，说："可以用一些砖块来加固一下，那就不用倒了。"（见图3-1-72）悦悦与伙伴们则用了梯子、木板、花草等建了饭庄，说："饭庄外面很漂亮，有很多的植物。"还招呼其他人来吃饭呢。（见图3-1-73）   图3-1-70　大巴车　　　　　图3-1-71　去春游

图 3-1-72　高速公路

图 3-1-73　饭庄

　　学信和伟伟是班上能力较强的孩子，他们今天就用了很多材料建了沙滩旁边的房子，还给来参观的老师介绍："这是房子，里面有床和桌子，外面是停车场，旁边是菜地和种蓝莓的地方。"规划得还有模有样。（见图3-1-74、图3-1-75）不过孩子都是爱玩的，他们还找来了一些动物和各式的玩具，尽量让自己的作品更漂亮

图 3-1-74　房子

图 3-1-75　停车场

行为解读	大班孩子们的建构想法已经慢慢从具体向抽象过渡，他们会根据自己的记忆和想象进行建构。同时玩是他们最大的兴趣所在，智轩是班上比较好动和爱玩的孩子，今天他却很认真地建了一个动物园，虽然和今天的主题不太相符，却很认真地在建构，很好地锻炼了他做事的专注度，培养了建构游戏的兴趣
教师支持	1. 所谓自主建构，就是把游戏的主动权还给孩子，给孩子一个良好的自主建构环境。 　　2. 在孩子建构的过程中，教师要适当地给予孩子关注和支持，同时给孩子适当的引导，平等地和孩子进行讨论。

	3. 限制游戏材料的数量，让孩子灵活地运用各种材料，进行不同的尝试
游戏亮点	在建构游戏中，孩子都表现出了很大兴趣，在遇到问题时会与同伴讨论、商量，寻找解决方法，思维能力和解决问题的能力得到锻炼

（本案例由陈彦铭老师提供）

大班自主游戏实例11：

教室什么样

游戏背景	最近大班的主题建构围绕着幼小衔接这个主题进行，大班的孩子对小学都有了一定的认识，对小学的生活、学习也产生了美好的想象，今天我们大（一）班的孩子就以"教室"为主题进行建构
游戏过程	最近的每次建构，老师提供给孩子的建构材料都不是很多，主要的目的就是锻炼孩子灵活运用各种建构材料，最大程度地挖掘各种材料的功能。 首先是学信和俊斌的那一组，他们先用砖块围起一个长方形的地方。（见图3-1-76、图3-1-77）子励觉得教室的围墙有点矮，然后他就找了很多线轴回来，把边上围了一圈（见图3-1-78、图3-1-79），说："这就是我们的教室，没有线轴的地方就是窗户，前面是门口，边上是上课铃，碰一下就会响的。"我说："你的教室好像缺少了座位啊，你觉得呢？"他们想了想，干脆坐在地上说："可以坐在地上上课。"我肯定了他们的想法，这何尝不是他们最真实的思维方式呢！   图 3-1-76　围建教室　　　　图 3-1-77　稳固墙面

图 3-1-78　加高墙面　　　　　图 3-1-79　快完工啦！

　　另一边浩霖和佳煜的那一组说要给教室做一个漂亮的门口，所以他们用了一些木块来搭起一个门口，还在讨论朝哪一边好，怎么做得坚固一点。（见图3-1-80）而欣琦的那一组却在教室里面用木块和木板做了几张桌子和凳子，说："里面的是上课的桌子，外面的是吃饭的桌子。"（见图3-1-81）很有想法的孩子。少弘是本班最喜欢建构的孩子，他在教室里面做了一面很大的显示屏。我问："你这是电影院吗？"他说："你不知道吗？教室里都有这样的大电视的，上课用的，还可以看电影"（见图3-1-82、图3-1-83）

图 3-1-80　建大门　　　　　　图 3-1-81　建桌椅

图 3-1-82　准备材料　　　　　图 3-1-83　超大显示屏

行为解读	大班的孩子们对小学的教室有不一样的理解，虽然有一些地方做得并不是很细致，但是他们会用各种不一样的材料把心目中的教室建构出来，并且去美化他们的作品。 在建构的过程中，孩子们会去参观别人的作品，学会借鉴，并且会尝试着去做一些新的东西，这是一种很好的学习方法
教师支持	1. 教师随时关注孩子的表现，与他们交流、讨论，给予鼓励与支持。 2. 用以强带弱的方式进行分组，关注个体的差异。 3. 游戏材料的发放要有先后顺序，装饰的材料应在游戏进程中的后半段发放
游戏亮点	孩子们能用作品去表达自己的想法，并且勇于尝试，大胆地改变

（本案例由陈彦铭老师提供）

大班自主游戏实例12：

马路与房子

游戏背景	孩子对于马路已经十分熟悉了，在建构之前，孩子与老师分享了自己对于马路的理解，把自己心目中马路的样子，包括马路边上的房子、路灯等都描绘出来。这次活动就以"马路与房子"为主题进行建构
游戏过程	我们班的孩子之前已经有了几次建构马路的经验，建构房子也是孩子们所擅长的。所以游戏一开始，孩子们很快进入了状态，拿材料的、建构的都在有条不紊地进行着。 子强和泽轩的那一组很快投入了状态，他们建了两条互相交汇的马路，看，他们先用大的木板和砖块搭起了第一层，然后又拿了线轴和木板搭起了第二层，马路一直向前延伸，多条小路纵横交错。（见图3-1-84、图3-1-85）子强说："这是高架桥，第一层是人走的，第二和第三层是车走的，隔开了以后就不会撞到一起了。"很有想法的孩子。后来他们又用线轴做了很多小车，又说："现在是早上上班，正在堵车呢。"他们忙得不亦乐乎。

图 3-1-84 大马路

图 3-1-85 纵横交错

　　而在马路的旁边，咏珊和雅心的那一组则建起了一幢房子，房子不高，只有一层，里面有几张用线轴和木板做的桌子，我问她们这是做什么用的，雅心说："这是路上的服务区，里面是吃饭的地方，乘客饿了可以来吃饭，不用钱的。"（见图3-1-86、图3-1-87）这时旁边的咏珊立刻打断说："要钱的，只要一块钱。"然后就问我要不要吃。我说："那就吃一顿吧。"她们开心地笑了。这时候旁边的一个孩子不小心把房子弄倒了，咏珊立刻跑过去把砖块扶起，说："小心一点。"然后继续装饰她们的服务区

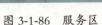
图 3-1-86 服务区

图 3-1-87 招待客人

行为解读	大班的孩子都希望得到老师的关注，每当自己的作品完成后都想和老师分享，但是往往与同伴交往时，容易意见不合产生矛盾，而他们的处理方式也不尽完美。教师要引导他们与同伴和谐相处，合理地解决矛盾
教师支持	1. 孩子在多次建构后往往会形成一定的固定思维，每次作品在材料的采用上和形式上都有一定的局限，教师要引导他们去尝试新的东西。

	2. 当孩子们自己的作品中途被损坏时, 要学会总结。 3. 教师及时以照片的形式记录孩子的建构过程, 课后与孩子分享
游戏亮点	孩子们在建构的过程中都是全情投入, 建构的速度很快, 并且能结合自己的生活经验进行建构

（本案例由陈彦铭老师提供）

大班自主游戏实例13:

一起合作更精彩

游戏背景	暑假回来, 班上很多孩子都在聊自己和爸爸、妈妈去了哪里玩。悦悦说: "我和爸爸、妈妈回老家了, 我们回老家要过好多的山洞, 那些都是隧道。"馨馨说: "我和妈妈也回老家了, 不过我们坐的是高铁, 开得很快的。"棋棋说: "我和爸爸、妈妈、姐姐坐地铁去广州玩了。"根据孩子们的兴趣, 我们以"马路"为主题, 开展系列活动, 在班级主题区中也一起合作建构马路
游戏过程	这次建构主题是马路, 馨馨建构了一条铁轨（见图3-1-88、图3-1-89）, 非常有特色。   图 3-1-88　马路　　　　图 3-1-89　铁轨 可是只建构了一小段, 然后就去建构其他东西了。看到那么有特色的铁轨就这样中断掉, 真是太可惜了, 于是老师走过去询问: "馨馨, 你建的是什么路啊?" 馨馨: "是铁轨。" 老师: "铁轨是怎样的?"

馨馨："很长很长的，可以开得很快的。"

老师："那你建的铁轨怎么只有这一小段呢？"

馨馨："我再继续建。"

馨馨非常认真地继续拼建，还将铁轨的路线转了一个弯，很快就连接到了泓泓的加油站，馨馨走到了泓泓面前询问道："我的铁轨可以和你的路连接在一起吗？"

泓泓："可以啊。"

馨馨："我可以用你的木条吗？我的用完了。"

泓泓很大方地说："你用吧。"

在征得泓泓的同意后，馨馨又开始认真地拼搭铁轨。很快，一条长长的铁轨就连接到了泓泓的加油站。

看到馨馨的铁轨跟自己的加油站连接在一起，泓泓说："老师，我这个加油站在铁轨旁边，那些开车的人就可以到我这儿来加油了。这些是灭火器，如果着火了，就可以用它们来灭火。"（见图3-1-90、图3-1-91）

图 3-1-90　加油站　　　　　图 3-1-91　灭火器

行为解读

在建构活动中，经常会出现建构的场地跟其他小朋友的场地相碰撞的问题。在中小班时，还会有小朋友发生争抢的现象，但经过多次的碰撞，孩子发现这样总会引发纠纷，产生矛盾，反而影响建构活动继续开展下去。后期通过讨论如果在活动中遇到材料不够或场地不够的现象，应该怎么解决的问题，孩子们各抒己见，给出很多方法，比如要有礼貌地问，不可以直接拿，问了等别人同意了再拿，或自己重新去篮框里拿，征得同意后与别人一起建，等等。慢慢地，在建构过程中争抢的行为越来越少，孩子学会运用礼貌用语来咨询他人，达成合作目的

教师支持	发现孩子在建构过程中半途中断,老师可以适时给予孩子鼓励,激起孩子继续完成作品的兴趣
游戏亮点	孩子们通过合作,建构出更完整的成果"铁轨边上的加油站"

(本案例由胡美玲、陈彦铭、刘辉英老师提供)

大班自主游戏实例14:

独自建构高架桥

游戏背景	"马路"是我们班这个月的建构主题,这次是孩子们第三次建构连绵的马路。大部分孩子每次建构的内容都不一样,可是萌萌每次都建构同一个内容——高架桥(广园快速)
游戏过程	第一次是几个同伴一起建构,第二次是两个人一起建构,这一次是萌萌自己独立建构。在建构的过程中,所有东西都需要萌萌自己一人搞定,萌萌需要摆好方形木墩的距离,再将长木板放到木墩上。刚开始木墩摆放的距离总是跟长木板不一致,要么宽了,要么窄了,移动了很多次都没有摆放一致,大概过了5分钟,两个木墩的距离终于移到和长木板一样了,萌萌把长木板摆放了上去。 在接下来的拼建中,萌萌每次移动方形木墩时,都会先在地上摆放长木板(见图3-1-92),将长木板的一头放到第一个木墩旁边比对好(见图3-1-93),再将另一个木墩摆放到长木板的另一头(见图3-1-94),最后再将长木板放到两个木墩上(见图3-1-95)。

图 3-1-92　比对距离

图 3-1-93　摆放木板

图 3-1-94　认真测量

图 3-1-95　轻轻摆放

这次拼建萌萌只花了一分钟的时间就拼建好了。用这个方法，萌萌很快就独自拼建了一条长长的高架桥。高架桥建好后，萌萌非常高兴地告诉老师，他建的是广园快速，还跟其他小朋友的马路连接在一起（见图3-1-96）

图 3-1-96　广园快速

行为解读	萌萌平时是个非常好动的男孩，很多时候都没什么耐性。但在建构活动中，却表现得非常坚持。建构"马路"这个主题以来，萌萌每次都在建构高架桥，从多人合作、两人合作到独立建构，其中还经常建好了一半又倒掉，然后又重新再建，他没有一次放弃过。在一次次的尝试中，萌萌通过实践找到了一种独自一人也能快速建构高架桥的方法：先将长木板摆放在地面，再将两个木墩分别放在长木板的两边，最后再将长木板抬起来放到两个木墩上。从活动中可以看出，萌萌的思维在一步步地成熟，在遇到问题时学会去观察，寻找解决问题的方法
教师支持	在观察萌萌建构的过程中，有好几次老师都差点忍不住想去帮助他，但在一次次的等待中，萌萌努力证明自己是可以的。在这次的活动中，老师只需要给孩子提供足够的材料，静待孩子呈现他的成果即可

游戏亮点	孩子在实践中找到了一种独自一人也能快速建构高架桥的方法

（本案例由胡美玲、陈彦铭、刘辉英老师提供）

大班自主游戏实例15：

观察、学习、创新

游戏背景	信信、煜煜、馨馨、祺祺、彬彬、励励几位小朋友在建构游戏中都有较好的创造能力和动手能力，在前两次的主题建构"马路"中，都能相互协商、合作建构，但是在这次的建构活动中，却出现了一些小问题
游戏过程	在老师说今天自由组合合作建构时，信信、煜煜、馨馨、祺祺、彬彬、励励几个小朋友一拍即合，决定要一起合作建构马路，并推选出信信和彬彬做小组长。他们一起协商建构马路需要的材料，彬彬说要拿长木板、长木条，馨馨说还要拿矮的圆柱形木墩来搭建。 在刚开始建构的时候，他们建构的马路总是倒下（见图3-1-97），因为他们没有将木墩摆好就将木板摆上去，木墩的位置跟木板不一致，就会导致木墩歪斜不稳，最终建构的马路倒塌。煜煜和伙伴们发现在旁边建构的萌萌小朋友使用更高的木墩搭建高架桥都不会倒，为什么自己搭建的总是倒呢？于是，他走到萌萌旁边观察，看看他是怎么做的。（见图3-1-98、图3-1-99）   图 3-1-97　倒塌的马路　　　图 3-1-98　发现学习目标

图 3-1-99　学习搭建方法　　　　图 3-1-100　尝试搭建

　　看了一会儿，他回去跟合作的伙伴说："我们先把木板放在地上，再将木墩摆在木板的两边，最后再放木板。"经过观察、学习、实践，很快他们的高架桥建好了。（见图3-1-100）信信为了让搭建的高架桥变得更稳固，还在高架桥下面用纸砖顶住。（见图3-1-101、图3-1-102）彬彬说："马路是两边都可以开车的，我们在中间放一块木板隔开，就可以变成两条马路（双向道路）了。"（见图3-1-103）

图 3-1-101　加以稳固　　　图 3-1-102　坚固的　　图 3-1-103　双向
　　　　　　　　　　　　　　　　　　　 桥梁　　　　　　　　　马路

行为解读	《纲要》提出，教师要成为幼儿学习活动的支持者、合作者、引导者，这是应幼儿所需教师要成为的角色。但在学习过程中，幼儿并非只能求助于教师，他们还可以通过观察周边的环境，向环境学习，观察同伴，向同伴学习，发挥创造力和动手能力，创造出更棒的成果
教师支持	保持沉默，不要着急去引导、帮助、干涉孩子，应给予孩子时间和材料，等待孩子慢慢地成长，享受孩子带给老师的惊喜
游戏亮点	幼儿在尝试过程中总是失败却不气馁，会向同伴学习成功的技巧

（本案例由胡美玲、陈彦铭、刘辉英老师提供）

大班自主游戏实例16：

提高幼儿游戏活动中的语言表达能力

游戏背景	活动前老师和小朋友讨论超市：超市里面有什么东西卖，商品的布局又是怎样的；请小朋友说说自己逛超市所看到的商品；自己会选择用些什么材料来搭建超市和商品
游戏过程	今天我给孩子提供长圆柱木头、圆形木板圈、线轴、纸盒等建构材料，在操场前段进行建构活动，熙熙和轩轩用三块长木条搭了一个门口，然后用盒子在门口搭楼梯，边建边说，这是电梯。（见图3-1-104）   图 3-1-104　超市大门　　　图 3-1-105　电梯门 熙熙和轩轩搭好楼梯后，轩轩说："楼梯在大门口中间不好看，我要把这个楼梯转到里面去。"熙熙马上说："超市门口有个自动门，看到人来就会自动开门，人们进进出出它都会自动开和关。于是他们找来两块长方形的木板，挡在门口中央，尝试了好多次，木板都站不稳。轩轩双手扶着两扇门，熙熙就用盒子顶着木板。（见图3-1-105） 熙熙和轩轩想了好多办法，还是没有做好自动门，后来他们把长方形木板横着放，再去找来盒子顶在木板后面，他们的自动门才算是搭建好了。然后熙熙就去旁边搭建商铺。（见图3-1-106） 洵洵在一边用纸盒、长木板搭一层一层的间隔，洵洵告诉我，这是摆放商品的架子，里面有好多层，可以摆放很多不同的商品（见图3-1-107）

图 3-1-106 电梯　　　　图 3-1-107 商品架

行为解读	小朋友通过反复观察与接触积木，能积累大量关于积木的形状、质量、颜色等感性经验，这有利于小朋友今后将这些经验迁移到对客观世界的认知上，为概念的形成和语言文字的学习打下基础。通过积木游戏，小朋友可以获得力、平衡、数概念等早期朴素的科学经验，为将来的认知学习作好一定铺垫。此外，还有研究显示，积木游戏与儿童的创造性和问题解决能力有一定的相关性
教师支持	1. 建构游戏和角色游戏一样有着游戏的一般价值，可以各有侧重地促进小朋友的认知和社会性发展。 　　2. 建构游戏因其材料和活动过程的特殊性，有着其他游戏所不可比拟的独特价值。
游戏亮点	"超市里的商铺、商品"是本次活动中出现的新词，很有意思

（本案例由黄桂月、钟焕宜老师提供）

大班自主游戏实例17：

提高幼儿创造能力

游戏背景	活动前老师和小朋友讨论高架桥，展示高架桥的图片给小朋友欣赏，引导小朋友观察高架桥的外形特征：不同高度的高架桥交叉时是怎样的？高架桥两边分别有什么？请小朋友说说自己在哪里见过高架桥，要建构高架桥时自己会选择用些什么材料来搭高架桥
游戏过程	今天我给孩子提供长圆柱木头、圆形木板圈、线轴、纸盒、竹筒奶粉罐等建构材料，在操场前段进行建构活动。

涵涵在用长木条搭建长长的高架桥，由于难度较大，只是搭建了一个角落。她遇到了一些问题，采取了一些解决方法，搭建双层桥。（见图3-1-108、图3-1-109）

图 3-1-108　高架桥

图 3-1-109　双层桥

熙熙正在场地的另一边搭建高架桥，正在设计两座高架桥怎样交叉，尝试了好多次木板都站不稳。然然在高架桥下面搭建花园。（见图3-1-110）

搭建双层桥需要较高的积木做桥墩，熙熙没有找到适当的积木，选择了把长木板两边拼搭在一个梯子之间，得到了自己需要

图 3-1-110　建桥下花园

的高度；他想搭建较缓的坡度，选择渐渐变低的桥墩（纸盒），于是他把桥面直接接到地面，高架桥的桥面与低架桥的桥面接在一起，达到了较满意的缓冲坡度。（见图3-1-111）

这是熙熙和然然两个共同合作的成品效果，高架桥下面建了个大花园（见图3-1-112）

图 3-1-111　缓冲坡

图 3-1-112　美丽桥下花园

行为解读	对于建构能力较强的小朋友来说，对他们适当提高建构难度，能更有效地促进他们的发展。但这并不等于要求所有的幼儿都达到这个水平，针对不同幼儿的建构水平，教师要给予不同的指导。 建构游戏的材料具有规则性、操作性、灵活性，由这些材料建构出来的作品则具有结构性、开放性和创造性
教师支持	构建一个较为复杂的游戏，需要多种心理机能的共同支持。将建构的积木进行设计，即便不绘制图纸，也至少要预先存在对积木结构的大致表象。接下来，是将此表象转化为积木结构，小朋友不得不对所需积木的大致数量、形状和颜色等作出规划，以方便之后的建构工作。开始堆积木后，小朋友还可能遇到一些新问题，如搭建欠稳当、积木数量不够或者不能达到预想的效果；当然，小朋友也可能顺利搭建出自己想要的物体。这个过程的复杂性可为小朋友带来很多发展机会，如问题解决能力、思维能力、创造能力等的发展
游戏亮点	"高架桥"是本次活动中的重点

（本案例由黄桂月、钟焕宜老师提供）

孩子在建构活动中所表现出来的能力水平

游戏背景	老师在教室和孩子分享铁路的图片，引导孩子观察铁路的特征——长长的，交代今天要建构的任务
游戏过程	今天我给孩子提供长圆柱木头、圆形木板圈、线轴、纸盒、竹筒等建构材料，在操场前段进行建构活动。 烁烁先用短板分别对称放两边，然后摆长板，再找来小长棒铺在上面，修得很认真。一会儿，区区找来线轴、竹筒架起，并在上面搭了一块木板。然然看到了也争着一起来修，于是三人一起修建隧道。一会儿我回来时，三人正搬着一个长长的竹筒往木板下面插进去，我好奇地问："你们在干什么？"烁烁抢着回答："妈妈带我坐火车过的隧道好长好长，这就是火车正在过隧道。"我和孩子们一起欢呼起来。（见图3-1-113）

图 3-1-113　建隧道

图 3-1-114　火车过隧道

烁烁说："我和妈妈坐火车时，看到窗外有很整齐的树，一排排的。"区区说："对呀，我们一起在铁路两边种上整齐的小树，铁路两边有了树，可以挡太阳，还有草坪。"（见图3-1-114）

于是，他们分工合作，区区找了草坪和小树，烁烁按着铁路围一圈铺草坪。（见图3-1-115）

烁烁向同伴介绍："这是我们搭的铁路和隧道，正好有一列火车从这里钻过隧道"（见图3-1-116）

图 3-1-115　装饰路边

图 3-1-116　铁路和隧道

行为解读

　　大班小朋友是一个参差不齐的群体，由于家庭环境、社会环境不同，所以每个小朋友的智力发展水平、思维能力也不同。我们在建构游戏中进行教育的时候必须符合小朋友的个体差异性原则。

　　通过听其言、观其行的方法，发现不同的小朋友在学习过程中不同的表现，并针对小朋友的不同表现施以适当的教育。在活动内容的安排上，要体现出层次性，以满足不同小朋友的需要，使每个小朋友都找到适合自己的位置

教师支持	小朋友在游戏活动过程中，会提出许多让老师意想不到的问题，这时老师要善于回答小朋友的提问，让小朋友在游戏活动中获得知识。老师要发挥好引导者的作用，要有耐心地对每一个幼儿提出的问题一一解答。同时还应该花费精力、察言观色，深入小朋友的生活，了解每一个幼儿的兴趣、爱好，再为不同的小朋友创造不同的适宜发展的操作环境；注意把教材内容与生活情景相结合
游戏亮点	"隧道"是本次活动中的重点

（本案例由黄桂月、钟焕宜老师提供）

第二节　中班自主游戏实例

中班自主游戏实例1：

对材料的多次尝试

游戏背景	孩子刚升中班，熟悉并掌握那些较简单材料的搭建方法是本阶段建构游戏的重点。今天观察的重点是孩子们在遇到小挫折时如何坚持和应对
游戏过程	菲菲今天很快就搭建了一个体育馆，兴奋地叫我过去欣赏。（见图3-2-1）恰巧这个时候漂亮的体育馆在大家面前倒塌了，一旁的彤彤"啊"的一声，很是着急。（见图3-2-2）  图 3-2-1　体育馆　　　　图 3-2-2　倒塌了

菲菲安静地站了一会儿，立刻又开始重新收拾材料，开始了第二次的体育馆搭建，还是把椰汁罐放在了最底层，依旧很安静，很细致。（见图3-2-3、图3-2-4）

图 3-2-3　重拾材料　　　　　图 3-2-4　继续建构

才刚建到第二层，"轰"的一声，再次发生了倒塌，我都捏了一把汗，静看菲菲的反应。（见图3-2-5）

图 3-2-5　又倒塌了　　　　　图 3-2-6　观察学习

这次菲菲叹了声气，蹲着看了倒塌的瓶罐好一会儿，突然默默地走向旁边慧慧的小建筑旁，依旧是安静地看着，没有提问。（见图3-2-6）

回到自己的体育馆倒塌的位置，菲菲开始了第三次搭建，这一次她终于对旁边的彤彤说："我需要4个大的奶粉罐。"于是忙开了，这一次她选用奶粉罐放在了最底层。（见图3-2-7）

到了第二层，一丝不苟的菲菲拒绝用不同颜色的罐子，只选择同一颜色的罐子，而且罐口必须朝上，整齐划一。（见图3-2-8、图3-2-9）

在活动结束前，菲菲终于把这个漂亮结实的体育馆盖成了。（见图3-2-10）

图 3-2-7　奠定基础

图 3-2-8　规律摆放

图 3-2-9　整齐划一

图 3-2-10　坚固的体育馆

行为解读	在本次的建构游戏中，可以发现菲菲是个专注力和坚持性都比较强的孩子，因为她在经历了两次失败后依旧独自继续尝试搭建同一件作品，没有轻言放弃，在她的坚持下，最终完成了自己的大作。通过这个案例我看到了孩子身上几个闪光点：第一，只要给他们材料，他们就能交给你一个独一无二的佳作；第二，相信孩子，他们自己解决问题的能力无限大；第三，不要打扰孩子，他们自己探索的步伐会教会我们更多知识
教师支持	1. 当孩子在搭建中遇到小挫折时，可以引导孩子去借鉴别人的经验。 　　2. 在下次活动前可以让孩子们观看菲菲的这个案例，让其他孩子学习坚持不懈的好品质。 　　3. 教师要做一个安静的观察记录员，不要轻易打扰孩子
游戏亮点	菲菲坚持不懈的精神值得学习

（本案例由汤音平、陈球老师提供）

中班自主游戏实例2：

巧借外物搭建坡度（一）

游戏背景	今天是班级第一次来后园草地进行大型建构活动，平坦的操场换成了柔软的、有很多大型器械的草地，搭建的主题就是如何借助大型器械进行建构游戏
游戏过程	熙熙和几个小朋友两两合作拿来了几把梯子，在经过琢磨和商量后，选择把梯子一边搭在平衡木上，一边放在草地上，这样便出现了一个坡度。（见图3-2-11）

图 3-2-11　搭建斜坡　　　　图 3-2-12　三角形架

山山和希希简单地利用了一块长木板和一块方木墩成功与垂吊架构成一个三角形，快乐地玩起了运输木板的游戏。（见图3-2-12）

俊俊则选择了把不同的木板搭在大型塑料积木上。（见图3-2-13）

而平常活跃好动的钢钢则一个人选择了垂吊架的下面，利用窄木板和小方板与原有垂吊架进行简单的连接，搭建一个"安全通道"和"报警器"，引来了小朋友的围观（见图3-2-14）

图 3-2-13　不同斜坡　　　　图 3-2-14　安全通道

行为解读	对于场地的更换，孩子们的兴趣没有因此而有丝毫的减少，反而通过人与人的合作搬运材料，借助物与物的合作搭建作品，其中的智慧和创造力令人惊喜
教师支持	1. 对于平常活泼好动的孩子来说，在建构过程中给他们安排一些任务，能更好地满足他们的成就感。 2. 在下次活动前及时总结分享本次活动中的优秀案例，树榜样，逐渐增强能力弱的小朋友的自信心和参与游戏的兴趣。 3. 有序给予建构辅助材料，让孩子自己把控好建构次序，合理搭建
游戏亮点	"安全通道"和"报警器"等作品有创意

（本案例由汤音平、陈球老师提供）

中班自主游戏实例3：

巧借外物搭建坡度（二）

游戏背景	有了上一周草地建构的经验和活动后的分享，孩子们积累了几种搭建坡度的基本方法，所以今天的建构活动开展得比较自主，孩子们一开始都有了比较清晰的建构目标——坡度
游戏过程	图3-2-15至图3-2-23都是班上孩子巧用材料之间的配合而成，相比上次仅有的几个坡度创意，这一次很快有了不同的坡度，孩子们会利用更多的现有器械与合适的材料巧妙结合：有利用梯子与垂吊架简单搭建的情境坡度"上屋顶收衣服"（见图3-2-17），有运输快件的通道（见图3-2-18），有高架桥（见图3-2-19），有威猛的坦克（见图3-2-20），有烤肉架（见图3-2-23）等佳作  图 3-2-15　创意坡度　　　　图 3-2-16　创意搭建

图 3-2-17　收衣服

图 3-2-18　运输通道

图 3-2-19　高架桥

图 3-2-20　坦克

图 3-2-21　交错斜坡

图 3-2-22　纵横通道

图 3-2-23　烤肉架

行为解读	孩子们在建构游戏中表现出较好的专注力和合作能力，建构出很多漂亮的作品。但是，活动中也出现了一些小小的碰撞，木质的材料给孩子提供了丰富的创作空间，但是由于场地、孩子的搭建创意、所选择的材料等各种因素，游戏中难免会发生一些小状况。因此在之后的建构活动中，教师还需提前和孩子们一起商量对策
教师支持	针对场地的不同，教师可以思考一些能替代木板类材料的轻便材料，与幼儿讨论重材料如何巧用技巧进行建构。 在接下来的分享活动中，应该着重讨论与总结如何让幼儿学会排查建构中可能存在的危险等话题。争取给孩子一个不仅创意无限、材料无限，而且安全的建构环境
游戏亮点	与生活常识相结合是本次的亮点，如"收衣服"

（本案例由汤音平、陈球老师提供）

中班自主游戏实例4：

第一次的尝试

游戏背景	幼儿之前一直没有接触过梯子、木板之类的材料，所以在活动前先组织孩子观看了以前哥哥、姐姐搭建时候的"壮观"场面，详细介绍它们是运用哪些材料建构而成的
游戏过程	孩子们第一次尝试用木梯，所以我没有搬太多木板出来，以免孩子们搭建过高。活动中我把孩子们分成了几组，蓝蓝和洛洛觉得没有玩过梯子不想去尝试，还是蹲在地上搭草地。（见图3-2-24） 梯子占地面积比较大，因此我要求几个小组的距离要拉开一点，在搬梯子的时候，一个人的力量是不够的，杰杰就很聪明，他叫来几个男孩和他一起将梯子搬到跑道的另一边。（见图3-2-25） 梯子摆好了，烨烨在中间摆了一块木板，说是动物园的空中花园，还铺上了草地。（见图3-2-26）

图 3-2-24 草地

图 3-2-25 合作搬运

图 3-2-26 空中花园

　　活动结束后，我们回到班上就刚才的活动进行了一个简短的分析。菲菲作为小组长，讲了自己是怎么带领组员搭建动物园的。（见图3-2-27）曦曦告诉其他小朋友刚才搭建时自己是怎么和烨烨合作把木板搭起来的（见图3-2-28）

图 3-2-27 回顾建构

图 3-2-28 分享介绍

行为解读	以往因为小班年龄小，不敢给孩子们用一些比较大型的材料，要顾忌到安全问题。摆放木梯时孩子们的力量还是有点弱（梯子对于中班孩子来说有点大），需要老师一个一个地从旁帮忙摆放，我怕孩子搬不动，所以第一次就先用短木板当"桥梁"，这个孩子们还可以方便搬动。本次建构活动整体效果还不错，他们很有兴趣
教师支持	1. 在面对大型建构材料时，孩子们是很兴奋也很迷惘的，他们不知道该怎么"驾驭"它，教师语言上的鼓励和引导给予了他们信心。 2. 在活动中，让孩子们尝试分组进行，引导能力强的孩子充当小组长，使能力弱的孩子面对新接触的材料有一定的自信心和兴趣。

	3.设立小组长，也使孩子们学会了什么是合作
游戏亮点	小班时的重点是尝试，中班时的重点是学会合作

（本案例由包淑衡、陈秀梅老师提供）

中班自主游戏实例5：

建构游戏中的趣事

游戏背景	在上次的活动中，孩子们尝试过用梯子和短木板进行游戏以后，他们对这些比较大型的建构材料很感兴趣，每次经过这些材料的时候眼睛总是"虎视眈眈"地盯着。尤其是有部分孩子还追着问什么时候可以用长木板，因为他们看见大班的哥哥、姐姐建构的时候用过
游戏过程	这次我就添加了一些长木板，但这对于中班孩子来说是需要合作才能搬运的。"大力士"杰杰一定要自己搬运，中间拿、拖着走、竖起来，宇宇想过来帮忙，杰杰还生气地一边搬一边"赶走"来帮忙的小伙伴："你们走开，走开，我自己来，不要你们帮忙，我自己一个人就可以了，你们快走开。"（见图3-2-29、图3-2-30、图3-2-31）  图 3-2-29　独自搬运

图 3-2-30　赶走帮忙的同伴

图 3-2-31　大力士

宇宇不听他的，硬是帮他搬起了另一头，雪雪看见了也赶紧来帮忙了，可能杰杰感觉自己还是有点"力不从心"，所以也没有再推辞同伴的好意了。（见图3-2-32）活动后分享，杰杰很自豪地介绍自己的作品，说到如何搬运长木板时，感觉他有点不好意思了。（见图3-2-33）图3-2-34是他们建构作品的成品效果

图 3-2-32　接受帮助

图 3-2-33　搭建架空层

图 3-2-34　美丽花园

行为解读	孩子们的合作意识在活动中还需要不断地增强，他们还沉浸在小班桌面游戏时自娱自乐的模式里
教师支持	1. 孩子们在"纷争"时，如果没有出现危机（比如人身伤害事故），教师就应该尽量避免立刻进行干预，而应该在一旁观察，让他们自己解决问题。 2. 孩子们只有通过亲身的经历才会明白问题出在哪里，教师要做的是观察并做好随时提供支持的准备
游戏亮点	孩子们明白一个人的力量是不够的

（本案例由包淑衡、陈秀梅老师提供）

中班自主游戏实例6：

巧妙运用小木桩

游戏背景	以往孩子们都是在梯子上摆放木板，因为梯子摆放起来比较稳，今天想给孩子们尝试用木桩进行搭建，感觉上会有难度，但是孩子们很开心
游戏过程	因为是第一次尝试用木桩，所以在活动前先给孩子们示范了木桩如何摆放、怎么拿。刚分完组，男孩们就一个个勇往直前地去抱木桩了。因为木桩的横截面积小，摆放起来就要看孩子的耐心了，感觉还不错哦。（见图3-2-35） 图 3-2-35　木桩作品 轩轩和宇宇这两个小捣蛋，平时在班上就像"自由之神"一样，老是坐不住，今天却相当认真。（见图3-2-36）可就在这个时候，只听见"咣啷"一声，木板掉下来了，难道是他们耐不住性子啦？我一看，原来是维维想着自己身材矮小，在木板下面钻来钻去，没想到不小心碰倒了木桩，木板塌下来了。（见图3-2-37） 　 图 3-2-36　认真搭建　　图 3-2-37　碰倒木桩怎么办 宇宇立刻发火了："坏维维，你干吗把我们的东西碰倒啦？你快来把它修好。"我没有出声制止，只是在旁边看着他们接下去会怎么样。维维刚想说什么，这时候一旁的轩轩说了一句："没关系，我们再重新搭就可以啦，不然没时间了。"宇宇一听，像想到

了什么，二话不说赶紧"修补"起来。维维不好意思地也帮忙了，这次他们改变了设计（见图3-2-38、图3-2-39）

图 3-2-38　重新搭建　　　　图 3-2-39　改变计划

行为解读	因为一直考虑孩子的安全问题，在活动前再三交代好注意事项。活动开始，孩子们都操作得非常好，搭建的时候都是小心翼翼的，建筑物也都要成型了，可是在这个时候因为个别小朋友在穿插中的不小心，使得某些地方出现坍塌现象。下次活动前要好好和孩子们分析这次使用木桩的感受，以免类似情况再次出现
教师支持	1. 在活动中遇到这种情况时还是选择让孩子自己解决问题，不参与他们的"纷争"，因为孩子们已经长大了，有能力解决这种小问题了。 2. 适当的"放手"是对孩子的信任，使他们对自己的能力有一定的自信
游戏亮点	出现"意外"没什么大不了的，或许还有意想不到的收获

（本案例由包淑衡、陈秀梅老师提供）

中班自主游戏实例7：

初次尝试在沙池建构

游戏背景	在沙池中玩耍时，我们班的女孩喜欢利用里面的各种小植物进行种植活动，她们说这是自家的小花园；男孩则喜欢在里面挖地道，经常东挖一个坑，西挖一个坑，这大大影响了女孩们花园的美观。如何把孩子的作品整合起来，让它们变得更加好看呢？孩子们商量：男孩把坑变成小河，女孩在河两边种花，看看效果如何
游戏过程	商量好了主题后，孩子们的兴趣变得异常浓厚，在老师和孩子们的共同努力下，在提前一天的下午，沙池中挖出了一条小河。（见图3-2-40） 根据孩子们的想法，老师给孩子提供了木棍，各种动植物，让孩子选择自己喜欢的材料进行建构。很快，婕婕的作品出来了，她利用木棍和植物搭了一个平面的花架。（见图3-2-41）而很多男孩可能因为一开始明确他们的任务是造桥，因此大多选择了木棍在小河上搭桥，由于人多，速度相当地快。但是，有了小桥，怎么看不到下面的河呢？老师提出了意见后，男孩们开始改造自己的桥面。（见图3-2-42）    图 3-2-40 挖小河　　图 3-2-41 平面花架　　图 3-2-42 小桥 轩轩拿了木棍，先给小动物做了一个树形房子，拿了几个小动物摆好，又跑来和老师说："小动物的家里面能不能种一些树啊？小动物也很怕晒的。"得到老师的同意后，他立即又跑回去忙活了。（见图3-2-43）20分钟过去了，孩子们的任务都完成得七七八八了，由于沙池的面积比较窄，很多孩子不懂怎么避让别人的作品，也存在不少损坏的现象（见图3-2-44）

图 3-2-43　动物之家　　　　　图 3-2-44　热闹场景

行为解读	由于是第一次在沙池里建构，孩子们受到过去玩沙经验的影响，以平面搭建的作品比较多。再加上人多拥挤，造成个别孩子的作品遭到意外损坏，重新再来后，时间浪费也比较多。 　　因此在后期的建构活动中，教师应该重点指导孩子学习如何去保护自己和他人的作品
教师支持	1. 对于孩子提出的想法予以肯定，并在同伴前表扬他的想法。 　　2. 对于孩子不是很理想的作品，可以和孩子一起正面去解决问题，让孩子得到成功的愉悦。 　　3. 孩子独自游戏的现象还是比较多的，应该多鼓励孩子与别人合作，争取创造出更大型的作品
游戏亮点	孩子在活动中发现我们这次的作品有点像骑单车经过的绿道

（本案例由钟婉余、谭月贤、钟少梅老师提供）

中班自主游戏实例8：

沙池建构——"绿道"

游戏背景	第一次尝试了沙池建构后，大大激发了孩子的建构兴趣，孩子们都津津乐道："我们今天搭建了绿道，以后就可以在里面骑车了？""老师，我们想下次去做绿道好不好？"对于孩子的兴趣，当老师的一定要支持，所以这一次的活动命名为"绿道"

因为孩子都渴望搭建绿道，兼之有了上周沙池搭建的经验，我给孩子提供了木棍和小植物，另外还多了一些梅花枝。拿到材料后，孩子便兴高采烈地在小河上操作起来，不到10分钟，一条长长的桥便搭建起来了。（见图3-2-45）

图 3-2-45　长桥

在河的左边是乐乐和其他几个女孩做的花树，孩子们还是第一次弄这么高的花树。由于花枝比较软，乐乐的力气不够，很多弄好的花都躺了下来，乐乐急得想哭，跑来问老师："这些树总是倒下来怎么办？"老师说："能不能大力一点往下按呢？"乐乐明白了，又跑回去弄，结果发现还是不行，怎么办？乐乐搬来一把梯子压在沙子上，噢，花可以站直了！于是继续种花。（见图3-2-46）在河的右边是南中和婕婕一起种花，这是两个非常愿意动脑筋的孩子，知道自己力气不够，他们不是使劲往下插，而是一直在上面堆放沙子，直到花插稳为止。（见图3-2-47）

图 3-2-46　种花

图 3-2-47　美丽花园

孩子们的搭建任务已经初见成效了，这次由于分组合作的机会多了，大家都在忙于自己的任务，损坏的现象明显减少了，图中萱萱隔着河和对面的孩子在交流，肢体动作明显是怕碰坏了桥面。（见图3-2-48）琪琪说："老师，小河里面没有水，能不能让它变成真正的小河呢？"孩子的建议实在是太棒了，于是老师把长长的水管拖了过来，打开了水龙头，小河有水了，孩子们立刻拿手里的小动物过来游泳了（见图3-2-49）

游戏过程

图 3-2-48　美丽的河面　图 3-2-49　小动物游泳

行为解读	孩子这次的搭建明显比第一次有进步，主要表现在合作意识明显提高了；懂得珍惜别人做好的作品，没有出现任何损坏行为；孩子能根据需求，大胆提出要求，创作意识大大提高了
教师支持	1. 教师不能马上帮孩子解决问题，而是鼓励他们多尝试解决问题的办法。 2. 教师能根据孩子的想法，给予支持和鼓励。 3. 教师能在每次活动后评价孩子的作品，也让孩子对自己的行为进行总结
游戏亮点	让我们的"小河"变成真正的小河

（本案例由钟婉余、谭月贤、钟少梅老师提供）

中班自主游戏实例9：

"一河两岸"风景

游戏背景	上次"绿道"活动结束后，教师和孩子们一起进行了谈论和总结，孩子们都觉得小河桥面的木棍太多了，可以少放一点；岸边的风景不够丰富，可以再丰富一点，这样看起来会更加漂亮。为此，孩子们提出要再搭一次绿道
游戏过程	为了满足孩子的想法，我这次的材料多加了竹梯子和竹板凳。图中祺祺拿了两把竹梯子拼成一个架子，然后在上面挂满了花草，非常好看，下面又长了一些小花小草，这样比原来单纯种梅花

要好看多了。看起来，这是一个很美观的景点。（见图3-2-50）

图 3-2-50　美丽景点

晴晴和志远还有嘉嘉，他们也选择了用竹梯子构建。嘉嘉说这是一个亭子，上面的荷叶是给行人遮阴的，下面那些线轴是给别人观赏的。在亭子另一边还种满了花草，这样行人才会留下来看花。（见图3-2-51）轩轩最喜欢搭河边的花草，他说他每天上学的路上都会看到小河，小河两边都是种了花花草草的，看起来很漂亮，晚上还能出来散步。他又在河里"种"上了荷花，真是不错哦！但是估计荷花太重了，老是倒下来，后来他就放弃荷花了。（见图3-2-52）

图 3-2-51　巧思妙想

图 3-2-52　河岸风景秀丽

这次搭桥的孩子少了，但是孩子能根据上次的经验进行修改，棍子变得稀稀疏疏的，能看到下面的河水了，虽然不能直接在上面行走，但是看起来也很漂亮。（见图3-2-53）洋洋说："我想把竹板凳架在河中间，行不行？"老师采纳了他的意见，帮忙把竹板凳放了上去，孩子说这是高架桥（见图3-2-54）

图 3-2-53　稀疏桥面

图 3-2-54　河上高架桥

行为解读	孩子的搭建进步很大，这次的绿道明显比原来的漂亮多了。孩子的任务意识得到了提高，乱糟糟的作品以及大量的破坏性行为已经完全没有了。每个人都知道自己想要做什么，该怎么做。与之前的绿道作品相比，我们发现孩子们现在的绿道的确丰富了很多，孩子的建构水平有了一个飞跃式的进步
教师支持	1. 对孩子的每次活动都要进行讨论总结，分析不足的地方，以便下次整改。 　2. 对于孩子值得称赞的行为要及时给予表扬。 　3. 对于孩子合理的想法，教师应该尽量支持和配合，使孩子获得成就感
游戏亮点	孩子在活动中能把不用的材料及时收拾好

（本案例由钟婉余、谭月贤、钟少梅老师提供）

第三节　小班自主游戏实例

小班自主游戏实例1：

预防幼儿推倒建构作品

游戏背景	由于小朋友来园只有3周时间，不熟悉建构材料和建构方法，所以上周建构游戏中常常出现搞破坏、推倒建构作品的情况。对此，在游戏开始前教师和小朋友一起讨论了这种行为，同时教师在活动中加以仔细地观察和引导
游戏过程	今天的主题是"为小白兔建构一个小花园"，近一个月的经验已经让孩子们熟悉了建构的整个流程。拿到纸砖后，小朋友自然而然地去找自己的好朋友，成群结伴把篮筐推到一个宽敞的地方"占地为王"。今天，让我吃惊的是，小朋友基本都学会了砌墙的方法——两块砖头之间要有空隙，砌第二层时在空隙上放砖块，这样既省材料，又不容易倒塌。（见图3-3-1）

图 3-3-1　新式砌墙法　　　　图 3-3-2　花园围墙

　　为了提高幼儿兴趣，老师建议小朋友扮演小兔子，老师来扮演大灰狼，并以大灰狼的口吻指导小朋友建构，例如："大灰狼要来了，小兔子赶紧把墙围起来呀！""你们的花园是不是应该有个门呢，这样你的好朋友就可以来你家里做客呀。""大灰狼看见小白兔的围墙有一部分还没有砌高哦，大灰狼可以跨过来抓小兔子。""大灰狼进不来了，灰溜溜地回家了，小白兔可以在花园里唱歌跳舞了！"（见图3-3-2、图3-3-3）

图 3-3-3　防狼墙　　　　　　图 3-3-4　花园中高楼

　　围墙渐渐搭高，倒下来的概率也大了许多。老师时刻观察小朋友的表现，如果倒下来，马上鼓励他们重新搭起围墙。而在另一组的建构游戏中，孩子们正在尝试搭高楼。（见图3-3-4）活动结束时，孩子们对高楼的兴致非常高，因此我们将以此作为下次建构活动的主要内容

行为解读

　　小班游戏水平一般处于平行游戏水平；能力弱的，还处于独自游戏水平；有几个还处在无所事事水平，班上的三四位小朋友仍然还没有真正进入游戏状态。经过观察，一些被游戏排除在外的小朋友，要不就是呆呆地坐着，要不就是破坏其他孩子的作品。通

	过本次游戏，幼儿间的合作性有所加强，他们的有意注意能力也明显提高了
教师支持	今天没有出现推倒作品的情况得益于两方面： 1. 活动前的讨论。游戏前，我们回顾了上次游戏的照片，对比了作品完成时和被推倒时的差异，同时用拟人化的口吻告诉幼儿，如果你去推玩具、踢玩具，玩具宝宝会很疼的，它们就不想和小朋友做游戏了，以此来提醒幼儿尽量不要去推倒建构作品。 2. 教师的及时介入。在活动中，教师时刻关注幼儿的行为，一旦发现幼儿有推倒的动机，就及时介入，让他们回想一下老师之前说的话，想想玩具宝宝的感受，并鼓励幼儿把倒下的部分修补好
游戏亮点	小白兔与大灰狼是小班幼儿最喜欢的两个角色，以拟人化的口吻指导幼儿建构，值得小班教师借鉴

（本案例由黄菲、范梦婕老师提供）

小班自主游戏实例2：

建构游戏中的童趣

游戏背景	在前两周的建构游戏中，小朋友对小兔子和大灰狼的游戏情有独钟，建构经验不断丰富，遵守游戏规则的能力不断提升
游戏过程	今天我们尝试分小组游戏，先选出3名代表，然后其他小朋友自由选择加入队伍。在之前建构经验的基础上，小朋友已经轻车熟路了，马上围好自己的场地开始建构。 建构进行了3分钟，伊伊（见图3-3-5）用手指着老师说："哼，你这个大灰狼，我不会让你进来的！"原来老师这个"大灰狼"角色已经深入人心了。老师顺势跟伊伊说："是吗？大灰狼可厉害了，你们的房子没建好，看，这里还有一个大口子，大灰狼可以偷偷走进去哦。"玲玲一听，加快了手上的动作。围好之后，老师又走过去说："大灰狼的腿很长哦，一下就可以跨过去的。"于是孩子们又开始叠高了。（见图3-3-6）

图 3-3-5 大灰狼，你别想进来

图 3-3-6 加固围墙

接着，老师投放了草皮和小动物，小朋友的动物园开始热闹起来。渐渐地到了收尾工作，老师说："小朋友们，小动物玩累了，我们让动物回自己家休息好不好？"小朋友拿着圆木板放在地上，有的还铺上一层草皮，然后将动物放倒（见图3-3-7、图3-3-8），小动物开始睡觉啦

图 3-3-7 小动物在休息

图 3-3-8 都睡着了

行为解读	1. 本次尝试自由分组，虽然不如大班孩子那么成功，但是小朋友基本有了自己固定的玩伴。 2. 在今天的建构游戏中，最有趣的就是小朋友请小动物休息的环节。在成人的眼中，我们会根据动物的真实习性来请小动物睡觉。然而孩子们的想法出乎我们的意料，他们把小动物放倒完全是根据自身的睡觉经验来的
教师支持	1. 建构活动要体现游戏的延续性，利用小朋友已有经验进行指导。 2. 建构活动中应该注意材料投放时间和顺序，先投放低结构材料，后投放高结构材料，一些精细的仿真玩具可以在游戏进行一半后才投放。

	3. 教师可以继续尝试分组游戏，让小朋友3个一群，5个一伙，有组织、有分工地去玩游戏，提高孩子建构游戏的水平
游戏亮点	"小动物睡着了"（即放倒小动物）非常具有童趣

（本案例由黄菲老师提供）

小班自主游戏实例3：

幼儿游戏的社会性水平

游戏背景	在前两个月的建构游戏中，为了让孩子熟悉建构材料，通常只选择两三种材料。多种材料的组合是接下来必然的尝试
游戏过程	以下是个别小朋友的游戏行为： 1. 熙仔（见图3-3-9）：活动开展了15分钟，熙仔在每个区域晃来晃去，手上拿着几个从假树上面摘下来的小红果子。这时，他来到伟伟搭建的房子，用脚踢翻"围墙"，脸上露出得意的笑。 2. 灏灏（见图3-3-10）：他非常喜欢玩建构游戏，但有时又很难加入其他孩子的行列，他很少静下心来搭建，经常坐在地上，看别人玩，当他发现有趣的事情时，会给他们提些意见或者自己动手去摆弄。 3. 鸿鸿（见图3-3-11）：鸿鸿的性格比较内向，但玩建构玩得很认真，有自己的建构计划，在游戏时，常常边说边搭建。今天他根据老师定的主题，开始用纸砖围一个围墙，嘴里念念有词："这里是家里的门，门口有一条路，小动物可以从这条路走来我家里。"自始至终，鸿鸿没有与其他幼儿交流过。 4. 镇镇（见图3-3-12）：镇镇前半段时间一直都在模仿和尝试，学习别人是如何把墙砌好的。后来看见淇淇和其他几个女孩围着桌子在喝"饮料"，他就把纸砖搬过去，顺势把她们围起来。于是后半段时间，他和其他孩子一样开始砌墙。 5. 淇淇（见图3-3-13）：淇淇拿到木板后，马上开始模仿上周亲子活动中的场面——搭建一张桌子，表现吃饭喝饮料的场景。淇淇的做法引来了其他女孩的围观，不一会儿，几个孩子共同搭好了台面，并摆上各种"食物"，坐在桌子旁开始"吃吃喝喝"了

图 3-3-9 熙仔：其实我也想玩

图 3-3-10 灏灏：让我加入你们吧

图 3-3-11 鸿鸿：我在砌围墙

图 3-3-12 镇镇：把你们围起来

图 3-3-13 淇淇：我们在吃饭

行为解读

美国学者帕顿（Parten）从儿童社会行为发展的角度，把游戏分为六种：偶然的行为（或称无所事事）、旁观（游戏的旁观者）、独自游戏（单独的游戏）、平行游戏、联合游戏、合作游戏。

今天参加建构活动的有25名小朋友，据初步观察，大部分幼儿处于平行游戏（7名）和联合游戏（7名）水平，有3名幼儿处于无所事事的游戏阶段，没有幼儿达到合作游戏阶段，旁观游戏水平有2名，独自游戏水平有6名

教师支持	1. 注重家庭教育的作用。淇淇之所以会出现喝饮料的行为，是因为她和妈妈在家看了老师上传的亲子活动照片，家长的引导和老师的说明为她的模仿行为提供了基础。 2. 解读幼儿行为，根据幼儿的发展水平创设最近发展区，帮助他们进一步提升建构游戏经验。 3. 在开展建构活动之前，老师交代了本次建构活动的主题，并回顾了以往建构的图片，从中学习搭建方法，以及如何和好朋友一起合作等
游戏亮点	淇淇和其他几位女孩的游戏行为充分体现了她们的模仿能力

（本案例由黄菲、陈春娥、范梦婕老师提供）

小班自主游戏实例4：

提高幼儿游戏水平

游戏背景	在上周幼儿游戏的过程中，老师初步评价了本班幼儿的游戏水平，其中建构游戏水平较低的有熙仔、行行、扬扬等。今天老师想尝试如何让游戏水平较低的幼儿投入建构游戏
游戏过程	今天我们选择了单一材料（纸砖）在晨接走廊开展建构活动。如往常一样，材料一发放，建构水平较高的孩子就结伴而行，纷纷占好位置开始搭建，而平时来回晃悠的几个小朋友却无所事事地到处走动。当其他小朋友都搭好一大半，熙仔、行行、嘉俊和扬扬还是无法投入建构活动中。（见图3-3-14）  图 3-3-14　无所事事

活动进行了10分钟，伊伊的房子已经建了一大半了，梓俊、皓皓等几位小朋友不断地给她运输砖块，这时，梓俊说："伊伊，来，你的快递来了。"其他小朋友也加入"运快递"的行列中。熙仔在旁边，看得也哈哈大笑，他似乎很想加入，但又不知道如何加入。老师拿起一块纸砖，请他把"快递"送到伊伊那里去。不一会儿，熙仔已经和其他小朋友打成一片。（见图3-3-15、图3-3-16）

图 3-3-15　我是快递员1　　　图 3-3-16　我是快递员2

而在走廊的这一头，行行的手上一直拿着砖块，呆呆地望着别人玩。老师走过去，摆好一块，又摆一块，以吸引他的注意力。果然，他似乎明白了摆放的规律，老师示意让他把他手里的砖块递过来，来回几次，他渐渐变成了老师的助手。之后，老师示意让他自己搭，他迟疑了一下，将信将疑地把纸砖放好后，老师竖起大拇指，给他一个鼓励的微笑。慢慢地，行行的房子越来越高。（见图3-3-17）旁边的嘉俊和扬扬也被吸引了，一个完美的作品就这样完成了（见图3-3-18）

图 3-3-17　我会搭　　　　图 3-3-18　原来，我也可以！

行为解读

孩子是天生爱玩的，胆怯、不会玩、不会交流等因素会导致孩子融入不了游戏的氛围中，因此因材施教和个别指导在这时就显得非常重要。在本次活动中，这四名幼儿从不会玩，到协助玩，再到自己玩，享受到了建构游戏的乐趣和搭建的成功感！

教师支持	1. 当小朋友处在观望状态时，教师始终给予积极正面的语言鼓励。 2. 在下次活动中，可以进行强弱搭配的尝试，引导能力强的孩子带着能力弱的小朋友一起玩，逐渐增强能力弱的小朋友的自信心和参与游戏的兴趣。 3. 有意增强孩子之间的合作能力，帮助孩子从平行游戏水平向联合游戏和合作游戏水平过渡
游戏亮点	"送快递"是本次活动中出现的新词，很有意思

（本案例由黄菲、陈春娥、范梦婕老师提供）

小班自主游戏实例5：

游戏经验的提升

游戏背景	有了前两次的经验，处于无所事事和旁观游戏水平的小朋友在老师指导下，基本能比较投入地玩建构游戏。但孩子们普遍还没能完全达到真正自由、自主地进行游戏的水平
游戏过程	今天我们玩的是纸砖。由于上次已经玩过一次，老师就没打算进行过多介入，而是让孩子自己结伴，自由拼搭。整个活动中，最让老师感动的是扬扬和嘉俊，由始至终，他们一直都在认真搭建，碰倒的话再搭，而且搭建技能有了很大的提高，拼搭起来游刃有余。（见图3-3-19、图3-3-20）当他们遇到困难时，玲玲还及时伸出援助之手，同伴间的交往频次逐渐增多。（见图3-3-21）在收拾玩具的环节，嘉俊非常热情地捡纸砖，收拾完自己玩过的材料，又去收别人玩过的，乐此不疲（见图3-3-22）   图3-3-19 搭房子　　　图3-3-20 我能行

图 3-3-21　玲玲，谢谢你　　　　图 3-3-22　收拾材料

行为解读	建构游戏不仅注重培养幼儿的搭建技巧，更重要的是培养他们的专注性、合作精神和游戏常规。在日常生活中，嘉俊是一名好强、话少的孩子，但在建构游戏中他能有自己的建构想法，能与他人和睦相处，是他近期最大的进步
教师支持	1. 游离于游戏外的幼儿容易被教师忽略，教师在兼顾全班幼儿发展的同时，可以定期固定观察某几名幼儿，并加以指导。 2. 注意观察评价的持续性，总结上一次活动的优势和劣势，并指出下一步将要改进的方向
游戏亮点	嘉俊的坚持不懈和玲玲的主动帮忙值得幼儿学习

（本案例由黄菲、陈春娥、范梦婕老师提供）

小班自主游戏实例6:

新材料，新探索

游戏背景	面对几十种建构材料，旧材料玩腻了，怎样向小朋友介绍没玩过的新材料呢？这是小班教师经常遇到的问题
游戏过程	今天我们玩的是一样新的材料——木条。由于是新材料，老师不想限制小朋友的想象力和创造力，因此只简单地对安全进行提醒，然后就放手让小朋友自由游戏。意想不到的是，孩子们的搭建方法还特别多。 　　予曦说："我搭了一个三角形。"（见图3-3-23）岸岸用稍宽的木条一根一根地连起来，然后将稍窄的木条放在宽木条上，得

意地说："老师，你看，这是火车！"（见图3-3-24）一些小朋友用粗重的木块在两边堆砌起来，其他小朋友就用木条当作拐杖，开始在"马路"上行走了。（见图3-3-25）崇崇利用木条搭建了一个"鸟窝"，还向老师介绍了鸟从哪儿进去，从哪儿出来。（见图3-3-26）

图 3-3-23　我的"三角形"

图 3-3-24　看，火车！

图 3-3-25　有趣的拐杖

图 3-3-26　鸟窝

　　小烨的搭建作品最受小伙伴的欢迎。活动一开始，他无意中将两块宽木板平行放置，中间空荡荡的，他又加了一根细长的木条，铁路的雏形就出现了。而在铁路的另一头，已经有小朋友开始玩起了拄着拐杖走路的游戏，当他们看见小烨等人搭建的铁路时，自然而然地走了上来。这个游戏吸引了其他玩建构的小朋友纷纷捡起地上的木条，作为自己的拐杖，在铁轨上面走了起来。（见图3-3-27、图3-3-28）

　　由于铁轨的长度有限，很快，拄着拐杖的小朋友走到了尽头，小烨非常尽责地快速搬来木条，努力地把铁轨搭长一些，虽然他没有参加拄拐杖的游戏，但在铺路游戏中照样玩得不亦乐乎（见图3-3-29、图3-3-30）

图 3-3-27　铁路建造师　　　　　图 3-3-28　欢迎你们来走铁路

图 3-3-29　铁路不够长　　　　　图 3-3-30　一起玩，真开心

行为解读	孩子们的建构想法稀奇古怪。在成人眼里也许是"乱七八糟"，而他们却能把自己的作品讲得绘声绘色。 小烨在班上属于较文静的孩子，在以往的建构活动中也没有突出的表现，但在今天的建构活动中，老师看到了他的坚持、自豪感和责任心
教师支持	1. 游戏是自由、自主的，教师只有在必要时才能干预幼儿的游戏行为。 2. 教师蹲下来倾听孩子们的建构想法，教师的肯定和鼓励是孩子们继续建构的动力。 3. 接下来，教师可以再次添加一些木制品材料，让幼儿自由探索材料的拼搭方法和建构想法
游戏亮点	活动结束后，孩子们还在那里走铁路，非常舍不得结束这个游戏。孩子的想象力和创造力值得成人尊重

（本案例由黄菲、陈春娥、范梦婕老师提供）

小班自主游戏实例7：

提高幼儿游戏的社会性水平

游戏背景	经过一个学期的建构游戏观察，我发现班内的幼儿对游戏存在着内在需要，在游戏过程中表露出明显的个别差异。本次建构活动的目标是引导幼儿在游戏中合理搭配，学会寻找合作伙伴并用多元的方式进行表达与交流；让幼儿充分体验建构的乐趣，提高其建构水平
游戏过程	本次建构游戏的主题是搭建围墙，依据主题内容选择纸砖和线轴作为建构的材料。 在建构游戏中，睿睿是玩得最投入的一名孩子，他独立性较强，不喜欢别的幼儿参与到自己的活动中。在今天的活动中，他按照老师的主题，用线轴建成一条篱笆墙，把自己的菜地围起来，我轻声跟睿睿说："你把自己圈在里面，没有门怎么出来呢？"（见图3-3-31）

图 3-3-31　我的围墙　　　　　图 3-3-32　帮我扶一下

家家在建构游戏中每次都很积极地帮助小伙伴拿材料，这次他负责主建了，在一旁的彬彬帮他拿砖头。家家说要搭一座高楼，这样可以请班上的小朋友一起来做客。这时，他发现高楼要倒了，于是叫道："彬彬，快点帮我扶着吧，如果它倒下的话，我就白费功夫了。"彬彬说，再多加一块砖就更稳固了。（见图3-3-32）

亮亮每次玩建构游戏都看着人家玩，自己从来都不主动去跟小伙伴玩，这次在老师的带领下也动起手来搭建了。瞧，他跟鹏鹏一起搭建的围墙堆得很高哦，这个位置好像少了一个线轴哦，没有线轴怎么办呢？拿一个其他东西代替？（见图3-3-33）

杨杨是个很有想法的孩子，他组织了几个小伙伴一起搭建了一座小花园，请来了睿睿看这样搭会不会倒下，睿睿说可以了不会倒的，杨杨于是请来了晴晴、小怡和彤彤来参观自己跟小伙伴们搭建的小花园（见图3-3-34）

图 3-3-33 用什么代替呢？　　　　图 3-3-34 我们的小花园

行为解读	小班孩子在游戏中的个体差异比较明显，大多处于独自游戏水平向平行游戏水平过渡的阶段。 例如，我们发现伟伟和峰峰在建构活动中都是各玩各的，不管别人在做什么，只专注于自己的活动，与其他小朋友没有交集和沟通。 有的孩子开始有兴趣与其他小朋友一起玩，但交集的程度不够，仅仅是在一起游戏，时常发生许多如借还玩具、短暂交谈的行为，但还没有形成明确的合作意识
教师支持	1. 在开展建构活动之前，老师要搜集大量的关于围墙的资料，通过记录问题、收集资料、观看视频、交流分享等来积累主题经验。 2. 老师要多观察幼儿的搭建活动，适时介入，给予孩子相应提示，正面鼓励幼儿努力尝试，以此来实现幼儿自己的想法。 3. 在下次建构游戏，老师要引导孩子间相互合作，平衡幼儿的个体差异，提高分工、合作及规则意识
游戏亮点	乐趣让幼儿能积极、主动地投入建构活动

（本案例由孔钻清、龚清苑、冯爱丽老师提供）

小班自主游戏实例8:

提高幼儿的观察力

游戏背景	根据孩子意愿选材进行搭建。在活动开展前,老师给孩子观察了大班哥哥、姐姐搭建的成果,孩子们观察了之后都跃跃欲试,想要搭建出自己喜欢的事物
游戏过程	本次的建构游戏主题是"我喜欢的地方",老师提供了纸砖、线轴、草皮、拱门、木头人、木板等材料给幼儿自由建构。 阳阳说最喜欢动物园了,他很有主见,先把动物园的整体框架搭建好,然后选了几种自己喜欢的动物安置在房子里,看着他高兴的样子,就知道他很满意自己的杰作了。(见图3-3-35) 伟伟和文文从刚学习走路到上幼儿园一直在一起玩,所以他们两个每次建构活动都喜欢一起合作搭建,但在合作方面还是有点缺少谦让,他们正在争抢一个小动物。旁边的睿睿说,动物放在这里就可以了,这里就是小动物的家,你们不要抢了。(见图3-3-36)   图 3-3-35 动物园　　　　图 3-3-36 合作中又有矛盾 峰峰每次在建构活动中都是独自游戏,而且每次都是玩堆高游戏,很少跟其他小朋友一起玩,他自己够不着没有办法把积木放上去也不会请旁边的彬彬(个子比他高)帮忙。我问他为何不请别人帮忙,他说怕人家把他搭建的东西推倒。(见图3-3-37) 彤彤在搭建前找了自己喜欢的朋友一起搭建小公园,平时彤彤也喜欢跟亮亮还有小宇一起玩,因为他们是同一张桌子坐的,他们共同商讨着怎样把小公园搭得好看点(见图3-3-38)

图 3-3-37　高塔

图 3-3-38　小公园

行为解读	每次建构游戏活动，阳阳都会很兴奋地一个人抱着一大堆积木，然后跑到一个角落里自己玩，只按照自己的想法搭建，不会主动找其他小朋友商量，显得有点孤独。 　　伟伟、文文霸占着一大堆积木，不乐意将自己的材料分享给其他小朋友，而且在一起搭建动物园的过程中，不能相互协助，两个人之间也会互相争抢对方的积木来玩。 　　彤彤、亮亮和小宇开始时并不了解这些积木该如何组合、拼搭，他们根据自己已有的经验和兴趣，在区域活动中相互交流、合作，商议小公园该怎样建构，已经有了初步的合作意识
教师支持	1.老师在建构游戏中，要让幼儿爱惜材料，懂得共用建构材料。 　　2.老师要跟幼儿说清楚材料的用法、基础的搭建原理，让幼儿对积木的组合有初步的认识，这样才能使幼儿根据自己的兴趣来进行组合。 　　3.在建构活动中，要让幼儿有一个清晰的搭建方向，应加强幼儿的建构观察力，多进行合作游戏的练习
游戏亮点	观察力让幼儿清楚建构物的结构特征，这样幼儿才能建构有自己特色的作品

（本案例由孔钻清、龚清苑、冯爱丽老师提供）

小班自主游戏实例9:

提高幼儿参与游戏的意愿性

游戏背景	根据幼儿希望搭建高楼的建构意愿,在活动前我们组织孩子看了大量的高楼图片、参观实物等,让幼儿知道自己"想搭建什么高楼"
游戏过程	今天选择纸砖、圆木柱、拱门、木板等材料,请幼儿自由组合搭建高楼。 小宇对建构游戏的兴趣并不高,每次建构只玩一会儿就去捣乱了,这次可不一样,也许因为家长带孩子去看了很多高楼,所以这次他玩起来很有兴趣。他用软积木搭建了一座高楼,他正在非常仔细地观察自己的高楼有没有倾斜。(见图3-3-39) 浩浩每次在建构活动中都不肯参与,只是在旁边看别的小朋友玩,他是一个胆子很小的孩子,看到人家堆高的物体倒塌了就捂住耳朵。这次活动中,在老师的带动和鼓励下,他也有了自己的作品,而且还是多层多栋的高楼,还主动邀请老师看看他搭建的成果。(见图3-3-40)   图 3-3-39 塑砖高楼　　　图 3-3-40 木头高楼 珊珊在建构活动中没有说过一句话,每次都只是默默地看着别人玩。前半段时间她都是看着别人玩的,后来我让两个小朋友过去拉着她一起玩,后半段时间珊珊也能跟着小朋友一起搭建了。(见图3-3-41) 峰峰这次建构活动还是自己一个人去完成搭建高楼的任务,没有与其他小朋友一起进行活动,在合作方面还需要多加培养(见图3-3-42)

图 3-3-41　一起搭建　　　　　图 3-3-42　我的高楼

行为解读	刚入园时，孩子们建构游戏的经验还很少，有的幼儿拿了积木甚至不知道怎么下手搭建。老师需要跟幼儿讲解清楚材料的用法，让幼儿对积木的组合有初步的认识，这样，他们才能根据自己的兴趣进行建构游戏。 浩浩在本次活动中表现出很大的进步，在完成高楼作品后第一时间告诉老师。老师对于这样的孩子可以通过引导性的对话让他再去继续完善自己的作品，调动积极性。 珊珊和峰峰开始时并不了解这些积木该如何组合、拼搭，不清楚怎样将自己的想法跟其他小朋友进行沟通，在建构活动的合作上处于被支配的位置，从不会主动提出意见，老师要鼓励这样的孩子坚持将游戏开展下去，勇于表达自己
教师支持	1. 老师在开展建构游戏时，要利用幼儿熟悉的环境、感兴趣的主题，这样才能充分调动幼儿的积极性，能全心投入建构活动当中。 2. 为了建立一个良好的建构氛围，老师可以在游戏角的墙面上布置一些建构作品的图画和照片，让幼儿在需要的时候进行参考。 3. 加强合作建构的练习，让能力较高的幼儿在建构活动时多协助其他小朋友，争取共同进步，提高幼儿参与游戏的意愿及积极性
游戏亮点	意愿是幼儿的学习动力，遵循这种意愿才能让幼儿积极主动地进行建构

（本案例由孔钻清、龚清苑、冯爱丽老师提供）

小班自主游戏实例10:

好玩的线轴（一）

游戏背景	这是我们小一班新学期的第一次建构活动。放假回来，小朋友对建构游戏都是很期待的。鉴于当天天气有点潮湿，也是开学第一次玩，常规也需要重新建立，结合小班的年龄特点，简单少量的材料更有助于小朋友们专注和投入地活动，所以我们只选择了一种单一的材料，引导小朋友利用已有的建构经验，尝试把材料通过排列、垒高，摆弄出不同的造型
游戏过程	今天我们选择了单一材料（线轴）开展建构活动。场地是幼儿园的跑道，不同颜色的线轴有序地排放。首先请小朋友们观察一下材料，讲了一些建构时要注意的事项和常规，然后小朋友们便三三两两地自由组合起来，能力强的小朋友很快就分配好小任务了。菲菲、艺艺、熙熙和琪琪、芯芯、希希又不约而同地组合在一起，他们各自去搬材料。不一会儿，琪琪就开始设计自己的独木桥了，她找了个地方把线轴一个一个地排列起来。（见图3-3-43）   图 3-3-43　搭独木桥　　　图 3-3-44　双层独木桥 活动进行不到5分钟，琪琪的独木桥已经建了一大半了。芯芯和希希走了过来，芯芯说："琪琪，你还需要多少个？"希希说："我们建一个超级长的独木桥吧，琪琪，好不好？"琪琪说："我知道了，我还要很多材料，你们去搬吧。"说完，只见芯芯和希希又出发做搬运小工了。而另一边的菲菲和艺艺，她们的池塘也越建越大，一直通向琪琪的独木桥。菲菲的池塘开花了，有红花、兰花（蓝花），艺艺说兰花也有白色的。她们还建了一个池塘的小围栏。（见图3-3-44、图3-3-45）

图 3-3-45　搭建花园　　　　　图 3-3-46　红花和蓝花

又过了不到10分钟（见图3-3-46），熙熙这边的兰花也越开越多了，一大片池塘都开花了。（见图3-3-47）菲菲说："池塘里有荷花，红色的不是兰花，是荷花，蓝色的才是兰花。"我问小朋友们："那绿色的是什么呢？"菲菲又说："那是荷叶吧。"其他小朋友也一起说："是叶子啦。"就这样，他们眼中的"走独木桥去池塘，开了美丽的花"成型了（见图3-3-48）

图 3-3-47　独木桥进花园了　　　图 3-3-48　花园真漂亮

行为解读	小班小朋友的建构经验还处于积累阶段，当见到同伴有某一行为后即会出现模仿现象，如小朋友说开花，便会开出许多花，不同颜色的花。 大部分小朋友处于独自游戏向平行游戏过渡阶段，能力强的小朋友会在活动中加上自己的言语表达
教师支持	1. 根据年龄和本班小朋友的特点，从提供大量相同的玩具开始，单一的材料有助于小朋友们建立良好的操作常规，同时也能避免因材料不足出现争抢。 2. 有了第一次的线轴操作经验，下次可以继续引导小朋友在搭建过程中丰富玩法，如不同颜色线轴的搭配等。

	3.引导孩子在活动中的分工合作，发展小朋友之间的口语表达
游戏亮点	兰花不只是蓝色的花，还有黄色、白色的

（本案例由关碧莹、尹艳雅、严爱基老师提供）

小班自主游戏实例11：

好玩的线轴（二）

游戏背景	有了之前玩线轴的经验，为了增加小朋友们的兴趣，进一步挖掘线轴的玩法，这次建构活动我特意增加了一种新材料——木板，圆形的、方形的、花边形的，任小朋友们根据自己的需要选择，看看小朋友们能给大家带来什么惊喜和创意作品。钢钢是个非常好动的小朋友，在建构活动中总是表现得极具号召力，偶尔也会出现"搞破坏"：对材料拿放随意，跟其他小朋友哄抢。所以在这次活动前我又一次提醒钢钢要遵守规则，想好要建什么，需要什么材料才去拿，并对他的行为做了重点观察。在提醒和帮助下，钢钢确实有了进步，还给我们带来了"新发明"
游戏过程	由于下过雨，操场有点积水，所以我们今天选择了在走廊里进行活动，如往常一样，摆放好提供的材料，并向小朋友介绍了新增的材料，温馨提示使用的常规以后，小朋友们便自主地搭配组合起来。活动开始了，小朋友们三三两两地结伴，开始忙碌起来。只见钢钢马上搬来了几块木板和两个线轴，一边搬一边对旁边的小朋友说："你们让一下，让一下，请注意，倒车。"只见蓝蓝好崇拜地在旁边，双手托着腮帮看着并问："钢钢，你在建什么，我可以看看吗？"钢钢马上说："不用你看，你去拿木板来，我们一起玩。"此时，彬彬也在旁边搬木板。（见图3-3-49） 　　于是，蓝蓝也加入到搬木板的队伍，成为了运输材料的小帮工，而彬彬拿过来的木板已经有好几块了，钢钢一边摆一边说："彬彬，你跟着我排队。"彬彬说："是这样吗？"钢钢又发挥"领导"本色，大声回了一句："对了，对了。"我看到他们如此投入，马上表扬："钢钢哥哥，这次好棒哦，请问你们在建什么呢？"钢钢说："我们在建滑板车。"彬彬也笑眯眯地应和着。（见图3-3-50、图3-3-51）

图 3-3-49　发现新玩法

图 3-3-50　一起合作吧

图 3-3-51　尝试提高难度

图 3-3-52　挑战成功啦!

　　蓝蓝又拿来了材料,他们开始在木板上来回地滑动线轴,可是很快他们就觉得不够好玩了。(见图3-3-52)聪明的蓝蓝把木板的另一头掀起了一点点,钢钢和彬彬继续滑动线轴,他们惊喜地发现,线轴滚得更快了:"滑板车加速了,挑战成功! Yeah!"钢钢兴奋地说:"再高点,蓝蓝。"蓝蓝说:"我也要试试,你来扶这里。"(见图3-3-53)经过商量后,他们尝试把一个线轴放在木板下垫着,第一次成功了,好兴奋。我说:"能再想想办法再高点吗?"

　　于是他们又尝试把线轴竖着放,继续挑战将更多的线轴垒在一起(见图3-3-54)

图 3-3-53　继续加高,再尝试

图 3-3-54　太好玩了,又成功了!

行为解读	活动前，教师需要讲清楚常规、需要注意的安全事项以及材料的使用方法。然后，就可以放手让小朋友们大胆地投入活动中，这也是自主建构的一个关键要素。 小朋友在小集体中的个性凸显体现了他们行为的个体差异性，例如，有的小朋友善于语言表达，有的善于行为表现，有的善于观察、会发现。游戏中的合作能有效促进个体的个性发展和社会交往能力
教师支持	1. 在小朋友活动的过程中遇到不能解决或者疑惑的问题时，应给予及时的帮助和回应。 2. 在良好常规建立的基础上，可以逐步增加材料，丰富游戏的多样性和趣味性
游戏亮点	小朋友乐于接受挑战并会在挑战成功后表现出更佳的活动效果

（本案例由关碧莹老师提供）

小班自主游戏实例12：

主题建构活动"动物园"

游戏背景	有了前几次的自主建构经验，小朋友们对建构活动的兴趣越来越浓厚了，活动的常规和材料的收放都有了很大的进步。于是我便尝试让小朋友们体验一下主题建构。动物是小朋友最熟悉的话题，他们都有过参观动物园的经验。于是我们在班里开展了关于建"动物园"的计划，小朋友们都很兴奋，但由于主题建构的经验缺乏，加上小班年龄的语言表达还不够丰富，因此在活动前我组织小朋友们进行结伴分组，围绕"动物园"主题开始游戏
游戏过程	今天的活动场地依然是跑道。一如既往，在活动前我向小朋友们介绍了活动中可以选择的材料，结合主题，提供了大量的动物玩具、草皮和软体积木等。只见以亮亮、妍妍为队长的这一组，很快就拿来了几块草皮和一些动物。（见图3-3-55）组员俊俊和菲菲也很快又继续送来动物，他们开始了简单的点数："一、二、三……"

图 3-3-55 小动物排队

图 3-3-56 动物们在休息

我说："小朋友们,你们这里很热闹哦,能介绍一下吗?"亮亮马上说:"老师,我们这里有很多动物,我们的动物园很大。"菲菲说:"这里有老虎、犀牛,很凶猛的。"我说:"那你们的动物园没有围墙,会不会很危险呢?"此时小朋友们似乎意识到了问题。(见图3-3-56、图3-3-57)

图 3-3-57 草原上的动物们

图 3-3-58 筹建动物园

菲菲说:"那我们这个是大草原呗。放假的时候我和爸爸、妈妈去过草原,也看到很多动物在草原上的。"其他小朋友也马上说:"对,我们建的是草原。"妍妍还拿来了小树装饰。(见图3-3-58)此时在旁边的另一组小朋友的动物园也建好了,他们同样选择了草皮,把动物们一致排开,旁边还多加了一些软体积木,说是动物园的大门。(见图3-3-59)蓝蓝在旁边还建了一个让动物休息的地方,旁边摆了几棵树,说是给动物们遮太阳。总的来说,他们还是处于一个模仿的阶段,很容易受同伴的影响,所以搭建出来的作品都基本相似(见图3-3-60)

图 3-3-59　动物园的大门　　　图 3-3-60　动物园建好啦！

行为解读	初次尝试主题建构，小朋友们在活动中还是很投入的，尽管他们对很多概念（如动物的分类）都不清楚。在活动的过程中小朋友明显对动物园的概念只表面地停留在有很多动物在一起的画面，而对动物园里有哪些场地，动物的家应该如何划分都不清晰，因此本次活动可以在下一次主题活动进行延伸。丰富小朋友们的生活经验，有助于提高建构活动的真实程度
教师支持	1. 应善于发现小朋友们在生活中的兴趣和相关的经验，有效地引导。 　　2. 在游戏结束后应及时进行有价值的分享，发现活动中存在的知识，及时进行教育并做相关的迁移，如活动中涉及的动物排序和分类
游戏亮点	小朋友能把自己在生活当中的经验迁移到游戏中，使得游戏更丰富和真实

（本案例由关碧莹老师提供）

　　高瞻学前课程是一种世界著名的学前教育课程模式。高瞻课程奉行的指导原则是幼儿对自己感兴趣的活动是有能力作决定并解决问题的。高瞻学前课程有着独特的计划—工作—回顾时间，每个儿童在计划时间都可以有目的地规划自己当天所要进行的活动，根据自己的目标选择材料和操作方式，完成自己的工作后，再进行回顾和思考。

　　2014年，我们借鉴高瞻学前课程，将其引入我们的大型户外建构游戏中，但在真正的实践中，我们发现"计划总赶不上变化"，孩子们很容易出现"再计划"的需求，他们可以自己主动进行再计划或寻求教师的帮助。教师并非教学活动的安排者和制定者，而是与儿童共同商榷、探讨，了解儿童的学习计划，并帮助他们扩展学习计划，成为儿童学习的支持者、观察者。本篇列举"我是小小建筑师"和"我们要上小学啦"两个课程案例，介绍了孩子们从游戏走进学习的过程。在整个过程中，我们可以看到孩子们主动在学习，忙并充实着！

第一节 建构活动：我是小小建筑师

我们的计划

孩子们对建筑萌发了极大兴趣，于是我们就开展了"我是小小建筑师"的大型户外建构活动。

每周五的建构计划任务是孩子们最期待、最渴望的。因为这是为下周的建构游戏做准备的工作。图4-1-1至图4-1-12为孩子们画的建构计划实例。

图 4-1-1 《我们的幼儿园》

图 4-1-2 《萝岗儿童公园》

图 4-1-3 《奇特的迪拜建筑物》

图 4-1-4 《我们的幼儿园》

图 4-1-5 《奇特的迪拜建筑物》

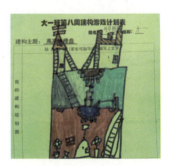
图 4-1-6 《身边的楼盘》

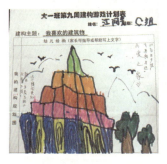

图4-1-7　《我喜欢的建筑物》

图4-1-8　《赛龙舟》

图4-1-9　《赛龙舟》

图4-1-10　《毕业汇演大舞台》

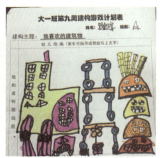

图4-1-11　《我喜欢的建筑物》

图4-1-12　《毕业汇演大舞台》

我的建构游戏

第一，自由分组、自选材料。

图4-1-13至图4-1-18为孩子们自由搭配，开始选择建构材料的场景。

图4-1-13　开始搬运材料

图4-1-14　我们需要这把梯子

图4-1-15　这些纸砖我有用

图 4-1-16　我们需要这些小动物　　图 4-1-17　用力啊，后面用力推　　图 4-1-18　我来帮你一起抬吧

第二，动手建构。

图4-1-19至图4-1-24为孩子们开始使用材料进行建构。

图 4-1-19　动手建构模型　　图 4-1-20　把四根柱子搭稳　　图 4-1-21　独立建构自己的建筑

图 4-1-22　先把围墙围好　　图 4-1-23　加点绿叶会好点　　图 4-1-24　小动物也来凑热闹

第三，角色游戏的投入。

图4-1-25至图4-1-30为孩子们积极投入角色游戏的场景。

图 4-1-25　我们坐一下　　图 4-1-26　开船咯　　图 4-1-27　坐稳咯，出发　　图 4-1-28　滚远点吧

图 4-1-29 我们的毕业舞台

图 4-1-30 这样可以吗

第四，合作性建构。

图4-1-31至图4-1-35为孩子们开展合作性建构的场景。

图 4-1-31 小心点

图 4-1-32 我可以的

图 4-1-33 这是你的家

图 4-1-34 给我吧

图 4-1-35 我来放这边的

第五，劳动的成果。

图4-1-36至图4-1-41为孩子们建构活动的成品。

图 4-1-36　滚滚梯

图 4-1-37　摩天大楼

图 4-1-38　宇宙飞船

图 4-1-39　荔枝园

图 4-1-40　大型游乐园

图 4-1-41　萝岗地铁

第六，分享交流。

图4-1-42至图4-1-45为不同形式的建构活动成果分享。

图 4-1-42　个人分享

图 4-1-43　小组分享

图 4-1-44　自愿性分享

图 4-1-45　集体分享

第七，收拾材料。

图4-1-46至图4-1-52为孩子们在建构活动完成后收拾、整理材料。

图 4-1-46 从上往下收

图 4-1-47 尝试后的方法

图 4-1-48 两人合作抬

图 4-1-49 放回固定的位置

图 4-1-50 材料要摆整齐

图 4-1-51 按照类别放好

图 4-1-52 我的力气比较大

班级环境创设

陈鹤琴先生说："孩子是以游戏为生命的。"《纲要》也明确了幼儿园要以游戏为基本活动。确实，在游戏中幼儿享受成功、体验挫折、尝试解决问题、满足情感交流、积累各种经验，从而获得身心的和谐发展。为此，我们在班级环境创设中也应充分体现出建构的氛围。图4-1-53至图4-1-61为幼儿园里体现建构氛围的布置与装饰。

图 4-1-53　主题墙

图 4-1-54　建构计划墙

图 4-1-55　值日生墙

图 4-1-56　建构图片墙

图 4-1-57　建构模型盒

图 4-1-58　美工区

图 4-1-59　刺绣区与植物角

图 4-1-60　美术展示区

图 4-1-61　植物的观察记录本

我学习到了

孩子们在本次建构活动中收获了以下成果：

① 能用数字、图画、图表或其他符号记录自己的计划和内心的需求。

② 能通过观察、比较与分析，发现不同建筑各自的区别，并且能在已有的生活经验的基础上创新地去建构心目中的建筑。学会向父母和老师寻求帮助，以丰富自己的建构作品。例如：知道在设计建构作品时，增加各种各样的标志、绿色植物、高清摄像头等。

③ 能够有条理、清晰、明确地表达自己的计划和所建构的物品，并能依据所处的环境使用恰当的语言表达自己的需求。

④ 在建构计划的实施中，能够主动承担任务，解决面临的困难和挑战。孩子们学

会自己动手动脑解决问题，养成了坚持和不放弃的探索精神。学会了尊重别人的成果。

⑤ 孩子在建构游戏中通过亲手搬运材料促进动作技能提高，并在体能方面得到一定的锻炼。同时，孩子们还思考了搬运和收拾的各种方法，让游戏开始和结束都在有序的环境中完成。

⑥ 孩子在拼搭材料的过程中，认识了数和量的关系、空间方位的认知。在活动中，积累了许多数学经验。发现事物简单的排序规律，并尝试创造新的排序规律。

⑦ 孩子学习最重要的事情，不是经由他人告知的，而是由与物质世界互动、与其他孩子互动来建构的知识。

（本案例由刘肖霞、刘辉英、王秋、范梦婕老师提供）

第二节　建构活动：我们要上小学啦

这个学期我们班进行以"幼小衔接"为主题的建构活动"我们要上小学啦"。学期初，我们班的孩子参观了两所小学，为建构主题活动做好准备。

活动准备

第一，参观萝峰小学。

图 4-2-1　教学楼

图 4-2-2　小学操场

图 4-2-3　漂亮的生物园

图 4-2-4　参观图书馆

图 4-2-5　功能室上课

图 4-2-6　课间活动

图4-2-1为孩子们参观萝峰小学的教学楼，高大漂亮。

图4-2-2为小学运动场，跑道、观众席和各种运动器械应有尽有。

图4-2-3为生物园，有很多花草、树木、瓜果蔬菜，一片生机盎然。

图4-2-4为小学的图书馆，宽敞明亮，书柜上满满都是书。

图4-2-5为孩子们安静地在功能室上课，学习做一个合格的小学生。

图4-2-6为孩子们看看哥哥、姐姐的课间活动，内容很丰富。

第二，参观香雪小学。

图 4-2-7　教学楼

图 4-2-8　运动场

图 4-2-9　游泳馆

图 4-2-10　暗香园

图 4-2-11　食堂吃饭

图 4-2-12　小学音乐课

图4-2-7为香雪小学的教学楼，很高大，前面还有一个大操场。

图4-2-8为运动场，很大，可以在上面踢足球哦。

图4-2-9为游泳馆，走一圈，我们都想去游泳啊。

图4-2-10为小学里的植物园，很是安静优雅。

图4-2-11为孩子们肚子饿了，赶紧吃饭。

图4-2-12为孩子们聚精会神地和哥哥、姐姐们一起上音乐课。

第三，填写参观小学记录表。

参观完小学，把所见所闻记录下来，准备制订建构计划。图4-2-13至图4-2-18
为参观记录表实例。

图 4-2-13　参观萝峰小学
记录

图 4-2-14　第二次参观萝
峰小学纪录

图 4-2-15　第二次参观萝峰
小学感想

图 4-2-16　参观香雪小学
记录 1

图 4-2-17　参观香雪小学
记录 2

图 4-2-18　参观香雪小学
记录 3

我们的计划

第一，制作建构计划表。

孩子们的建构计划构思新颖，内容详细，为建构游戏做好了充分的准备。图
4-2-19至图4-2-27为孩子们画的建构计划。

图 4-2-19　《萝峰小学大门》

图 4-2-20　《香雪小学》

图 4-2-21　《萝峰小学》

图 4-2-22 《萝峰小学》

图 4-2-23 《香雪小学》

图 4-2-24 《我心目中的
小学》

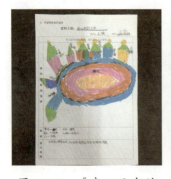

图 4-2-25 《我心目中的
小学》

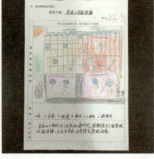

图 4-2-26 《萝峰小学教
学楼》

图 4-2-27 《七彩教学楼》

第二，分享建构计划表。

大家互相交流分享，讲述自己的建构设计，这也是一个很好的学习机会。（见图4-2-28至图4-2-31）

图 4-2-28 自主介绍

图 4-2-29 自主欣赏

图 4-2-30 同伴分享　　　　　图 4-2-31 小组介绍

我的建构游戏

第一，分组、选小组长。

每组通过不同的方式选出小组长，看看小组长怎么带领其他孩子们建构吧。（见图4-2-32至图4-2-35）

图 4-2-32 我们分好了　　　　　图 4-2-33 看谁快

图 4-2-34 点兵点将点到就做　　图 4-2-35 我是小组长
　　　　　小组长

第二，合作拿材料。

大家合作搬运建构材料，接下来就准备开始建构游戏了。（见图4-2-36至图4-2-39）

图 4-2-36　讲解安全事项　　　　图 4-2-37　我们一起合作

图 4-2-38　小心要转弯了　　图 4-2-39　看我们多轻松

第三，开始建构游戏。

在建构游戏的过程中，大家分工明确，合作游戏，有过失败，但更多是成功的收获和惊喜。（见图4-2-40至图4-2-52）

图 4-2-40　学校围墙　　　图 4-2-41　无障碍通道　　　图 4-2-42　足球场

图 4-2-43　体育馆

图 4-2-44　植物园

图 4-2-45　避雷针

图 4-2-46　学校食堂

图 4-2-47　香雪长廊

图 4-2-48　教学楼

图 4-2-49　保安室

图 4-2-50　同桌

图 4-2-51　空中走廊

图 4-2-52　宿舍楼

第四，游戏体验。

在建构作品完成后，就是孩子们最喜欢的游戏时间，孩子们扮演着生活中的各种角色，俨然一个小社会。（见图4-2-53至图4-2-56）

图 4-2-53　先休息一下

图 4-2-54　足球比赛开始了

图 4-2-55　喂！你到学校了吗

图 4-2-56　我想借本书

第五，建构成果分享。

孩子们在分享中欣赏、交流与学习，聆听别人的经验，提升自己的建构水平。（见图4-2-57至图4-2-60）

图 4-2-57　自由欣赏

图 4-2-58　小组介绍

图 4-2-59　给弟弟、妹妹讲解　　　　图 4-2-60　集体分享

第六，收拾建构材料。

图4-2-61至图4-2-65为孩子们在建构游戏完成后收拾材料。

图 4-2-61　大材料合作搬

图 4-2-62　分类收拾

图 4-2-63　分工合作

图 4-2-64　收材料也是游戏

图 4-2-65　摆放整齐

第七，建构后照片总结。

图4-2-66至图4-2-69为建构活动后的照片分享，大家可以畅所欲言，提问解疑，一点一滴积累经验。

图 4-2-66 我给你介绍一下　　　　图 4-2-67 讲讲建构过程

图 4-2-68 我用的材料丰富　　　　图 4-2-69 这是怎么做的

活动延伸

第一，大带小建构。

在带领小班建构的过程中，孩子们的耐心与关爱是他们成长的最好印证。（见图4-2-70至图4-2-73）

图 4-2-70 应该这么建　　　　图 4-2-71 大手牵小手

图 4-2-72　耐心讲解

图 4-2-73　试试自己
建的楼梯

第二，区域建构。

班上的建构区域是孩子们最喜欢的地方，虽然地方小，材料不多，却阻挡不了孩子们建构的热情。（见图4-2-74至图4-2-79）

图 4-2-74　大房子

图 4-2-75　围城

图 4-2-76　隧道

图 4-2-77　教室

图 4-2-78　快餐店

图 4-2-79　疯狂赛
车

班级环境创设

　　班级环境作为班级文化的重要组成部分，对孩子的生活与学习有着重要的直接关系。班级环境主要是以孩子的建构活动为主题，包括孩子们的建构计划、建构时的照片、建构绘画、分享活动等（见图4-2-80至图4-2-83），都取材于孩子们的生活、学习，也影响着孩子的生活、学习。

图4-2-80　建构计划

图4-2-81　我们要上小学啦

图4-2-82　参观照片

图4-2-83　刺绣建构作品

我学习到了

　　在建构"我们要上小学啦"大型户外建构游戏中，延伸出孩子们对其他领域知识的学习：首先是对小学生活、学习的工具有了更多的了解；参观完小学后，通过互相讨论和讲解，孩子们进一步认识了笔、橡皮擦、笔盒、书本、书包等学习用品，以及怎么去整理和保护它们等。

图4-2-84　认识学习用品

图4-2-85　学习整理书包

　　其次，在建构游戏中，孩子们对小学学习活动的内容产生浓厚兴趣，他们通过与家长互动和老师的讲解，发现了幼儿园和小学的区别，对小学的早操、大课间、上课、课间十分钟等有了更多的认识。

图 4-2-86　了解课间十分钟

图 4-2-87　学做小学生

　　在建构活动前，孩子要准备水杯、汗巾、帽子、替换的衣服，活动后自觉地喝水、换衣、整理书包等，在不知不觉中养成良好的生活自理能力，为小学生活打下了良好的基础。

图 4-2-88　建构前准备

图 4-2-89　建构后自我整理

　　在小组建构游戏中，孩子们总是问老师小学几点钟开始上课，几点钟吃午饭等问题，所以我们还特地开展了认识时钟的课程，孩子们对于时针、分针及其读数等都有了进一步的认识。

图 4-2-90　认识时钟

图 4-2-91　动手操作

在小组建构活动中，孩子们遇到过争执、挫折与失败，但正是有了这些经验，孩子们在建构的时候知道了怎么去固定、平衡、对称和装饰，对空间布局和搭配审美都有了更深的理解。

图 4-2-92　稳固的高楼　　　　图 4-2-93　坚实的墙面

在建构游戏中，孩子们运用建构材料会涉及数的集合、分类排序、几何形体、加减法等数学内容，孩子对数学知识的认识和运用得到了巩固和提高。

图 4-2-94　学习分类、集合　　　图 4-2-95　认识几何形体

在对小学的建构课程中，马路是一个重要的组成元素，孩子对马路的建构产生了浓厚的兴趣，在建构游戏中对交通规则和交通标志的认识有了进一步的认识。

图 4-2-96　建构马路　　　　图 4-2-97　认识交通标志

孩子们快毕业了,对小学的向往和对幼儿园的不舍成为了他们经常讨论的话题,在以"毕业大舞台"为主题的建构中,孩子们对毕业典礼的道具、场地布置、节目的生成过程和开展流程等都得到了进一步的认识,在建构体验中收获了乐趣。

图 4-2-98　了解舞台元素

图 4-2-99　毕业大舞台

在建构游戏中,孩子们的动手能力、思维能力和创新能力得到很大的发展,同时培养了自信、自主、合作、坚持的优良品质。

图 4-2-100　学校大门

图 4-2-101　教学楼

(本案例由胡美玲、陈彦铭、王秋、刘辉英老师提供)